Préface

Alain Héril est un homme obstiné. Déjà, dans l'un de ses précédents livres, *Journal d'un sexologue* [1], il s'interrogeait en sous-titre sur « ce que veulent les femmes ». À l'aide de sa pratique de sexothérapeute et de récits de femmes, il se penchait alors sur un premier mystère de la sexualité féminine : le désir. Cette fois, après un petit détour du côté du sentiment[2], c'est à la découverte du second et ultime secret, le plaisir, qu'il nous emmène.

Le héros de ce « récit-roman », Ulysse Borda, est un sexologue réputé (tiens donc !), un thérapeute reconnu. Un jour, une de ses patientes, longtemps convaincue d'être frigide, lui raconte sa découverte du plaisir par la masturbation. Les mots employés par cette femme

---

1. *Journal d'un sexologue,* préface de Catherine Bensaid, Le Courrier du Livre, 2003.

2. *Aimer*, préface de Jacques Salomé, Flammarion, 2007.

transfigurée renvoient brutalement Ulysse à son propre silence intérieur devant ces manifestations de jouissance. Pour ce praticien, habitué selon ses propres mots à tout « ranger dans des cases », le témoignage de cette femme fait exploser les bords bien tracés du cadre : « Malgré mes années d'études et de consultations, je n'avais rien saisi du désir féminin. »

Qu'Ulysse se rassure : il n'est pas le seul ! Au fil des siècles, on est passé d'une déification à une diabolisation du plaisir féminin, deux facettes d'une même mise à l'écart du corps des femmes. Qu'ils prient la Vierge et la terre mère ou qu'ils brûlent sur un bûcher la femme-sorcière, la femme-putain, aux orgasmes trop manifestes, les hommes ont toujours pris leurs distances avec ce plaisir qui leur échappait. Freud, lui-même, le grand ancêtre qui cessa toute vie sexuelle à quarante ans, parlait de « continent noir » pour évoquer dans le même temps toute l'attraction, tout le mystère, toute la terreur engendrés par la sexualité féminine.

Bardé d'incertitudes et de bonne volonté, Ulysse quitte donc les murs protecteurs de son cabinet pour affronter le vaste monde des femmes. C'est un voyage initiatique qui commence. Une rencontre en entraîne une autre, une voix en libère une autre. D'ailleurs, Ulysse-Héril ne maîtrise rien, ce n'est pas lui qui donne le tempo, ce sont les témoins qui rythment l'instant, voire l'enjeu de la quête.

Comme dans un jeu de piste, chaque indice en livre un autre, qui conduit vers l'étape suivante. Loin de ses livres et de sa position intouchable de thérapeute, Ulysse écoute les femmes et tente de cerner leur plaisir d'après ce qu'elles en disent. Le monde qu'il rencontre est celui, étrange et pénétrant, d'une poésie de la jouissance, d'une métaphore incessante et inouïe. Car quels mots poser sur son plaisir pour le faire comprendre, quels termes abstraits utiliser pour faire partager une émotion aussi intensément physique ? Ulysse va naviguer de rencontre en rencontre, de groupe de femmes en animatrice de sites érotiques, de vendeuse de sex-toys en ex-star du X, de psychanalyste en femme fontaine…

De cette odyssée-là, que nous rapporte Ulysse ? Quelques vérités bonnes à entendre. Que le plaisir féminin n'a rien à voir avec la beauté, l'âge ou la minceur. Que Sidonie l'obèse ou Rosemonde Pujol la nonagénaire n'ont pas moins d'appétence ou de talent pour cette petite mort, qu'elles cultivent avec bonheur. Que la jouissance ne veut rien entendre aux notions de bien et de mal, de bon et de mauvais, de propre et de sale. Que le sexe d'une femme n'a pas nécessairement besoin de celui d'un homme pour jouir et que l'éjaculation elle-même n'est pas l'apanage de nos amants…

Les témoignages recueillis par Ulysse, simple spectateur jamais voyeur, font tomber les idées reçues et vaciller les convictions. Nous nous retrouvons à des années-lumière des injonctions sociétales sur la jouissance à tout prix ou de l'orgasme en dix fiches. L'une des leçons essentielles du livre d'Alain Héril est de nous sortir, à toute force, des normes, qui nous font nous heurter à des murs de comparaison sans fin. Est-ce que je jouis bien ? Est-ce que je jouis assez ? Est-ce que je jouis autant que les autres ? « L'orgasme est une invention de l'homme, répond l'une des héroïnes, nous n'avons pas d'orgasme, nous, les femmes, nous avons de la Vie en nous, et nos tremblements ne sont que l'expression de cette Vie-là. Vous ne pourrez jamais faire de nous des animaux de laboratoire que l'on observe et que l'on catalogue ! » La sexualité humaine n'a rien à voir avec le simple fonctionnement organique d'êtres dont la jouissance serait la bonne réponse apportée au bon titillement du bon bouton. Mais il est tellement moins dérangeant et moins risqué de ranger le sexuel du seul côté de l'organique et de ce « discours économique qui fait de nous des machines à rêver le sexe comme une solution à tous nos malheurs terrestres », écrit Héril.

Oui, c'est plus facile parce que c'est moins dangereux, découvre Ulysse. Que veulent les femmes ? Quelque chose d'inatteignable, semble-t-il, dans notre monde de certitudes : une sexualité sans enjeu ; l'orgasme, non comme une finalité, mais comme un passage à autre chose ; une recherche de sacré où le sexe devient le moyen de nous relier à la nature et au monde. Mieux encore, nous dit Ulysse-Héril : le plaisir féminin comme la possibilité de dire au monde ce qui se passe en soi, de l'affirmer et de le revendiquer. Comme une affirmation politique.

C'est au creux de cette affirmation-là qu'Alain Héril nous livre sa conviction profonde : sa quête n'est pas la simple recherche d'une érotique de la femme, mais la prescience qu'une loi existentielle se cache dans la jouissance féminine, celle d'un trouble absolu. Les femmes fontaines qu'Ulysse rencontre offrent l'illustration parfaite de cet écho de tumulte, de sauvagerie, de débordement, qu'il entend à demi-mot chez ses interlocutrices. La femme fontaine, constate-t-il, est indomptable. C'est un désordre qui s'exprime et qui remet en cause la bonne marche d'une sexualité purement hygiéniste.

« Nous n'avons pas encore commencé à comprendre ce que nous dit la sexualité humaine », écrit-il. Alain Héril ne croit pas si bien dire. Son héros aventurier a fait quelques pas sur une terre inconnue. Il lui reste à en cerner les contours, à en dessiner les frontières, à en approfondir les géographies intimes. Car peut-on considérer qu'il n'existe aucun dialogue entre jouissance des femmes et jouissance des hommes ? Où est le couple dans cette mise en abîme ? Quelle place donner à l'amour ? Autant de questions que provoque l'envie de rencontrer l'autre et d'associer des plaisirs si complémentaires dans leur différence. Le voyage ne fait que commencer, et ses lecteurs ne manqueront pas d'attendre, patiemment, tout comme moi, la suite des aventures d'Ulysse.

Violaine Gelly
Journaliste, rédactrice en chef à *Psychologies Magazine*

Heureux qui, comme Ulysse, a fait un beau voyage
Ou comme celui-là qui conquit la Toison...

JOACHIM DU BELLAY

La grande question qui n'a jamais été éclaircie et à laquelle j'ai été incapable de répondre malgré trente ans de recherche dans l'âme féminine, c'est : « Que désire la femme ? » Nous connaissons moins la vie sexuelle de la petite fille que celle du petit garçon. N'en ayons pas trop honte : la vie sexuelle de la femme adulte est encore un continent obscur pour la psychologie.

SIGMUND FREUD, « La féminité »,
Nouvelles conférences sur la psychanalyse, 1932

Profession : sexothérapeute

Il n'y a pas de patients difficiles mais des thérapeutes impressionnés.

Dick Fish

Je m'appelle Ulysse Borda. Je suis sexothérapeute.

Voilà un métier que j'ai pensé arrêter il y a quelque temps. Être confronté au seul versant de la pathologie et du dysfonctionnement est parfois difficile et presque inhumain.

J'ai voulu arrêter mon activité pour ne plus avoir à subir cette dichotomie particulière entre, d'une part, ma vision joyeuse et ludique de la sexualité et, d'autre part, ces impasses fonctionnelles et relationnelles dans lesquelles se trouvaient mes patientes et mes patients. Il faut bien le dire, c'est l'accumulation des échecs qui m'amenait à cette réflexion.

Mais je ne faisais pas la bonne analyse.

J'opposais de façon manichéenne mon regard sur la sexualité et la pathologie dysfonctionnelle. Comme si les difficultés sexuelles de mes patients venaient m'empêcher d'avoir, moi-même, une sexualité tranquille et heureuse. Et, surtout, je m'inscrivais à l'endroit de celui qui sait face à celles et ceux qui ne savent pas et qui ne veulent pas savoir pour aller mieux !

En fait, mes patients me gênaient !

J'étais donc en train d'explorer cette toute-puissance du thérapeute qui sait pour l'autre et qui n'a pas encore intégré la véritable écoute, le réel accompagnement au changement. Et ce sont mes patientes qui ont modifié ma façon de penser.

Après coup, je m'aperçois combien tout cela est logique.

Mais, sur le moment, ce fut un bouleversement particulier et profond. Un raz de marée intellectuel suivi d'émotions inattendues.

Je n'avais, finalement, utilisé le travail de thérapeute que pour creuser le sillon de mon confort. M'assurer une place sociale, être reconnu dans mon « village », gagner suffisamment d'argent, avoir une belle bibliothèque, participer à des congrès… devenir une sorte de notable respectable et savoir manier des concepts abscons.

Grâce à Pascale, dont je raconte l'histoire, j'ai commencé à accepter de secouer cet édifice patiemment mis en place.

Grâce – il faut bien que je me lance quelques fleurs ! – à mon courage, j'ai pu me donner la possibilité de rencontrer des êtres de chair qui m'ont donné une nouvelle vision du monde et de la sexualité féminine.

Grâce à Bérengère, Océane, Ysé, Annelolotte, mon cher Alki Nioos et à bien d'autres présents dans ce récit, de près ou de loin, j'ai pu poser les bases d'un édifice dont je perçois aujourd'hui la solidité secrète.

Freud a nommé le désir féminin « continent noir ». Il a eu raison d'utiliser ce terme de *continent.* Est-il noir comme l'ébène, comme le nègre, comme l'étrange étranger ? Assurément, car pour nous, les hommes (et pour la plupart des femmes aussi !), il reste une vaste terre à explorer.

Mais si nous restons dans cette idée, finalement, de conquête et de guerre, nous ne pouvons pas avancer.

Saisir le continent sexuel féminin, et le comprendre, c'est y poser un drapeau marquant une appartenance et une sujétion à un discours, à des règles parfaitement définies et encadrées.

Un continent ? Oui, mais inexplorable, toujours en changement, et dont les frontières sont suffisamment ouvertes pour ne pas être inscrites sur la carte définitive du fonctionnement psychosexuel humain !

Dans mon histoire, je n'ai pas été un Christophe Colomb de plus. J'ai eu l'impression non pas de découvrir, mais d'ouvrir. Et, finalement, c'est au cœur de moi-même que j'ai fait la plongée.

Il ne s'agissait pas de voir ce qui n'avait pas été vu. Cela est l'attitude du scientifique.

Il s'agissait de découvrir ce qui était là, à portée de main et de cœur, et que les yeux ne pouvaient saisir tant ils étaient obstrués par la boue des conventions, des morales et des dogmes.

Je ne suis pas allé quelque part.

Je suis revenu à la source.

Je n'ai pas seulement rencontré des femmes et des hommes.

Je me suis aussi servi de ces rencontres pour me découvrir et me désaliéner d'une partie toxique et limitante de mon savoir.

Ce qui m'a étonné dans ce parcours mien, c'est d'avoir si peu rencontré le mot « amour ». Je pensais au début que j'allais vers lui comme un pèlerin se dirigeant vers Saint-Jacques-de-Compostelle. Là encore, ce vœu me permettait d'inscrire la perspective du voyage sur des terres déjà connues.

Ce qui est survenu est plus de l'ordre de l'enchantement, de la fougue, voire du sauvage.

En fait, c'est le mot « ardent » qui me vient, et sa correspondance intime avec le désir me paraît ici évidente.

Je suis allé à la rencontre du feu.

Les mystères de l'amour ne m'ont pas été révélés. Comme le disait André Gide : « Chaque désir m'a plus enrichi que la possession toujours fausse de l'objet même de mon désir. »

Pourtant il est normal, lorsque l'on part vers des régions inconnues, de penser que l'on va revenir plus riche et ramener quelques trophées étincelants.

Ici pas de trophées !
Je cherchais, au départ, à contenir et à avoir. À l'arrivée, j'ai appris la grandeur de la dépossession.

Et mon regard s'est dessillé.
Enfin !

L'homme est une conquête du désir et non du besoin.
La jouissance féminine s'inscrit ici au même endroit, mais avec ce quelque chose de plus qui la place au-delà même de la relation au plaisir.

Car chaque plaisir féminin n'est que la porte ouverte sur un autre possible.

C'est un encore.

Il me vient l'image d'un immense corridor éclairé de lumières et qui, à l'infini, offre son chemin. Des portes ouvertes de chaque côté. Indéfiniment. Et derrière chaque porte, un enchantement, une révélation, une angoisse, une solution, une douleur, une joie…

C'est dans ce corridor que j'ai osé m'aventurer.

« Continent noir », disait donc Freud.

« Continents lumineux » est ce que, modestement, j'ose lui répondre.

C'est de cela que je tente de parler ici.

Une femme ébranlée

Car désormais notre vie se présente sous le signe dominant du sexe.

LOUIS CALAFERTE, *Septentrion*

Lorsque Pascale arriva dans mon cabinet, j'eus en face de moi une femme de quarante ans à l'allure défaite et au teint pâle. Elle serrait contre elle un petit sac, comme s'il contenait un trésor précieux.

Elle avait les cheveux ébouriffés, et ses vêtements étaient froissés.

En bref, elle semblait être en proie à un grand désarroi.

Elle tremblait de façon soutenue. À tel point que je diagnostiquai, un peu rapidement, une éventuelle maladie de Parkinson.

Je posai la question rituelle :

– Qu'est-ce qui vous amène jusqu'à moi ?

Au lieu d'y répondre, elle commença à parler de son long et pénible trajet pour accepter de prendre un rendez-vous.

Elle a mes coordonnées depuis un an. Elle a essayé d'appeler plusieurs fois. Elle n'a pas osé laisser de messages. Elle a eu peur. Elle a toujours peur. Elle ne sait pas quoi dire. D'ailleurs elle a répété plusieurs fois cette séance devant sa glace et, là, maintenant, face à moi, les mots lui manquent.

Je souris, car c'est dans un flot continu de paroles qu'elle dit ne pas pouvoir parler.

Il y avait donc comme un aveu à faire qui n'osait pas se dire. Son sac, tenu contre elle comme un talisman, était la représentation symbolique de ce « vouloir-dire » qui ne s'offrait pas. De cette parole qui ne se délivrait pas et qui restait masquée sous des flots de mots.

Les tremblements de Pascale devinrent de plus en plus visibles, et elle essayait de les masquer en contractant son corps. Ce qui ne faisait qu'aggraver la situation.

Je commençais, moi-même, à ressentir un malaise physique, signe d'un « contre-transfert » corporel éloquent !

Après de longues minutes à me parler de ses occupations (courses, enfants, ménage, préparation des repas, sommeil perturbé par la petite dernière…), elle en vint à laisser un silence s'installer. Elle reprit son souffle.

J'en profitai pour lui glisser, bienveillant :

– Si vous êtes là, c'est que quelque chose ne va pas !

Regard porté vers le plafond.

– Je suis très malade, dit-elle.

De façon automatique, je me dis qu'elle venait me voir pour son Parkinson. Mais pourquoi consulter un sexothérapeute pour cela ?

À moins que cela n'handicape sa sexualité…

Je restais aux aguets. Et le silence de perdurer de longues secondes…

– C'est à cause de vos tremblements ? finis-je par demander.

Tout thérapeute, même au bout de longues années de pratique, fait des erreurs. Et je venais d'en commettre une, énorme. De quel droit avais-je nommé une pathologie que la patiente n'avait pas encore identifiée ? De quel droit m'étais-je mis dans la position toute-puissante de celui qui sait pour l'autre et qui est capable d'énoncer à sa place ce dont il souffre ?

Évidemment, Pascale eut un sursaut. Interloquée, elle me regarda et se mit à légèrement sourire. Un rictus. Une grimace.

– Non, non, tout va bien ! Je viens vous voir parce que je suis frigide. Si je tremble, c'est parce que j'ai froid.

J'ai oublié de préciser que cette première séance eut lieu un 27 juillet, et qu'il faisait une chaleur plutôt torride.

Cela étant, dès que le mot « frigide » fut prononcé, Pascale sembla aller beaucoup mieux. Elle l'avait dit ! C'était sorti ! Enfin ! Mais il fallait aller plus loin, et elle le savait.

– Qu'est-ce qui vous fait dire que vous êtes frigide ? lui demandai-je.

– Rien de particulier…

– Vous n'avez pas de désir ?

– Si. Énormément… Trop, peut-être…

Ces derniers mots avaient été prononcés comme dans un souffle. Avec une voix minuscule, à peine audible.

– Excusez-moi de ne pas tout à fait comprendre. Vous savez que ce que l'on nomme frigidité, c'est l'absence total de désir…

– Oui, je sais…

Un léger malaise s'installa. J'avais en face de moi une patiente qui énonçait une difficulté sexuelle simple, mais ce qu'elle disait d'elle était en complète contradiction avec sa problématique. Soit elle n'avait pas saisi le sens du mot employé, soit autre chose se jouait… Mais quoi ?

J'ai appris à ne pas vouloir tout décortiquer dès la première séance. Ce qui se disait ici, c'était la contradiction, le doute, l'impossibilité de faire correspondre le mot avec l'émotion ressentie.

Comme un glissement.
Comme un clivage aussi.

Je me dis que c'est autour de ces notions qu'il faudrait, sans doute, faire porter la thérapie.

Mais cette femme avait parlé de maladie, et il était important de lui faire comprendre que la frigidité n'en est pas une, mais que c'est un déficit de relation à soi-même et, par conséquent, à l'autre.

Je lui dis :

– Vous parlez de maladie, mais, moi, je ne vous vois pas comme quelqu'un de malade. Peut-être avez-vous certains problèmes relationnels qu'il nous faut analyser ensemble. La frigidité n'est pas une fatalité, vous savez. D'ailleurs, si vous pensiez cela, vous ne seriez pas ici, n'est-ce pas ?

– C'est vrai…

– Vous êtes frigide depuis combien de temps ?

– Je ne sais pas.

– …

– Non, je ne sais pas…

– Je vais formuler ma question autrement. Avez-vous déjà eu du plaisir pendant des relations sexuelles ?

– Oui, bien sûr !

– Et depuis combien de temps n'éprouvez-vous plus de plaisir ?

– Mais j'en éprouve à chaque fois !

– Même encore maintenant ?

– Oui, oui… à chaque fois !

– Qui vous a dit, alors, que vous êtes frigide ?

– Mon mari !

Ce fut sur ces mots que notre première séance prit fin. Je restai perplexe. De toute évidence, Pascale n'était frigide d'aucune manière, mais une parole, un avis prononcé – en l'occurrence par son mari – l'avait « rendue malade ». Que s'était-il passé ? Quelles situations avaient pu entraîner un tel jugement pour qu'il s'inscrive de façon si tenace en elle ?

Pascale est revenue me voir avec les mêmes tremblements que la première fois. Frigorifiée en plein début du mois d'août.

Bien entendu, notre séance commença par une tentative d'éclaircissement de ce qui était resté en suspens la fois dernière.

– Pouvez-vous me dire pourquoi votre mari vous a qualifiée de frigide ?

– Parce que je n'arrive pas à avoir d'orgasme lorsqu'il me pénètre. Voyez-vous, au début de notre relation, je me caressais (elle se mit à rougir) le clitoris pendant la pénétration, et l'orgasme était là. Ça ne semblait pas lui poser de problèmes. Alors j'ai continué. Vous savez, c'est mon premier partenaire, et l'idée de me caresser en même temps est venue naturellement. Alors j'ai cru que c'était normal puisque ça me faisait du bien. Et je croyais qu'il appréciait et qu'il était content que je sois épanouie en faisant l'amour avec lui.

» Et puis un jour il m'a dit que ça suffisait et qu'il fallait que j'arrête, parce que, pour lui, c'était comme un affront. Il se sentait sali et diminué. C'est comme si je ne respectais pas son sexe et le plaisir qu'il pouvait, qu'il devait me donner…

Elle avait dit tout cela dans un seul souffle.

– Et qu'avez-vous fait ?

– J'ai continué ! C'était trop bon ! Il n'a rien dit, et puis ça a continué ainsi. Je me suis dit que c'était juste un moment de crise, rien de plus. Mais, quelque temps après, il est revenu à la charge : « Ce n'est plus possible, m'a-t-il dit. Il faut que tu te soignes, sinon je te quitte. »

» Moi, je l'aime. Je n'ai pas envie d'une séparation, alors j'ai arrêté de faire l'amour avec lui plutôt que d'être malheureuse. Évidemment, ça n'a pas arrangé les choses. Il est de plus en plus irritable. Il me reproche mon manque d'ardeur. Il dit que je suis une pauvre fille. Et, il y a un an, il est venu avec votre carte en me disant : " Va voir ce monsieur, il va t'aider ! "

» J'ai attendu, j'ai essayé de discuter, mais il y a quinze jours, il m'a avoué voir des prostituées régulièrement. " Elles, au moins, elles ne font pas la fine bouche ! " m'a-t-il dit.

» Et me voilà…

Elle s'est remise à trembler comme si ses aveux l'avaient congelée. Elle m'a regardé, guettant un commentaire qui ne venait pas. Je ne savais quoi dire.

Cette histoire avait quelque chose d'irréel et pourtant elle était vraie, et Pascale en face de moi tremblait, comme en attente de mon verdict.

J'ai tergiversé. Nous avons parlé de sa rencontre avec son mari, de ses histoires amoureuses d'adolescente, et je lui ai posé une question sur son activité masturbatoire. Elle m'a interrogé du regard, voulant savoir si je plaisantais ou non.

– Mais ça ne se fait pas, a-t-elle dit. J'ai mon mari. Je n'ai pas besoin de le faire seule.

– Mais, maintenant, si je comprends bien, vous n'avez plus de rapports sexuels depuis longtemps. Cela ne vous manque pas ?

– Oh, si ! énormément. Mais je sais que je n'aurai aucun plaisir si je le fais comme lui il veut ! J'ai essayé, vous savez, et ça ne marche pas, et quand c'est fini, j'ai une terrible envie qui reste en moi et je ne me sens pas bien. Je suis triste. Terriblement triste.

La tristesse de Pascale était palpable. Je sentais son désarroi et son incapacité à comprendre et à trouver une réponse dans ce qui semblait être un imbroglio sexuel sans solution.

Pascale était engluée à la fois dans une méconnaissance de la sexualité et dans des notions morales inculquées par sa mère (« Les hommes, ce sont tous des salauds, ma fille ! Ils ne veulent qu'une chose : baiser, baiser et encore baiser ! Et ils ne te voient que comme un sac à foutre ! »), qui ne lui faisaient concevoir le plaisir sexuel qu'au travers de celui d'un homme.

Nous avons tenté de comprendre ensemble pourquoi son mari réagissait de la sorte et comment il pouvait changer et accepter ses caresses personnelles pendant les relations sexuelles. Elle se remit à accepter les pénétrations sans plaisir et, comme je m'y attendais, elle commença à avoir mal et eut besoin d'utiliser un gel lubrifiant pour supporter ce qu'elle endurait. Elle simula pendant les rapports et elle dut être une excellente comédienne, car son mari fut comblé et alla même jusqu'à lui dire combien j'étais un bon sexothérapeute puisque, depuis qu'elle venait me voir, les choses s'étaient arrangées. Enfin elle était normale ! Enfin elle jouissait grâce à lui !

Mais Pascale, et nous le savions elle et moi, vivait un véritable calvaire.

Petit à petit, elle perdait le désir et elle commençait à devenir réellement frigide.

Il m'était inconcevable d'assister à sa déroute sensorielle et de vivre sa prétendue maladie du début comme une annonce prophétique qui se réalisait.

Pascale décida, d'elle-même, d'aller plus loin et de donner une dimension plus psychanalytique à nos séances. Je lui proposai de s'allonger sur le divan, et nous commençâmes un travail autour de ses fantasmes et de ses rêves érotiques dans le but de raviver le désir si présent au début de son travail thérapeutique.

Cela lui fut d'un grand secours, car elle découvrit à quel point elle était en miroir de sa mère, et combien ce qu'elle pensait de la sexualité n'était que le reflet de ce qu'elle imaginait du vécu sexuel de sa mère. Frustration, timidité, rejet, dégoût…

Mais, au-delà de cette découverte, les scénarios fantasmatiques commencèrent à s'échafauder. Pascale s'imaginait faisant l'amour avec plusieurs hommes, se caressant pendant qu'ils éjaculaient sur elle. Elle se voyait jouissante et luisante de sperme. Comme une reine.

Ses rêves nocturnes étaient emplis de scènes masturbatoires, et c'est essentiellement dans ces moments-là qu'elle vivait des orgasmes.

Lorsqu'elle était allongée, tout paraissait simple. Elle s'exprimait sans tabous, avançant à grands pas dans la découverte de ses mondes inconscients. Elle semblait fascinée par sa capacité à dire, à évoquer, à inventer, à imaginer… Mais lorsqu'elle se levait à la fin des séances, je sentais qu'elle aurait souhaité que je n'aie rien entendu. Elle était rouge de honte.

– Est-ce vraiment moi qui ai dit tout cela ? répétait-elle sans cesse.

Entre elle et son mari le statu quo était installé. Tout allait bien pour lui, à tel point qu'il ne comprenait pas qu'elle aille encore consulter. Mais, le résultat étant obtenu, il n'insistait pas trop pour qu'elle arrête.

La découverte de la possibilité de fantasmer fut une épreuve initiatique pour elle.

Je la sentais grandir dans l'exploration de ses propres volutes intimes.

Bien sûr, le plaisir n'était pas au rendez-vous dans sa vie réelle. Elle sublimait sur le divan, dans les rêves et les rêveries. Mais un épanouissement prenait place. Elle se préparait à ce qui allait advenir.

Parfois, elle s'allongeait et se mettait à trembler quelques minutes. Mais dès qu'elle commençait à parler, les soubresauts se transformaient en une vivacité de paroles et de chair.

Pascale se laissait aller à l'élaboration de scènes à la fois tragiques où sa mère était omniprésente, sordides où son mari était souvent représenté sous la forme d'un animal répugnant et salace, et sublimes où sa jouissance éclatait en couleurs vives et en une fanfare fantasmagorique des plus étonnantes.

Elle investissait l'espace du divan en associant librement et en découvrant cette liberté comme un présage de ce qu'elle pouvait devenir. Quelqu'un de souverain et capable d'éprouver des sensations hors du commun.

La réalité ne changeait toujours pas, et j'eus peur, à certains moments, que ne s'installe en elle une sorte de schizophrénie particulière avec d'un côté la Pascale du divan, libérée, et de l'autre celle de tous les jours, frustrée.

Pour elle, en fait, l'enjeu était dans la possibilité qu'elle se donnait d'investiguer ses espaces profonds et de se donner la permission d'être un être de délire.

C'est-à-dire une personnalité enfin déliée.

Je fus témoin de son changement physique. La femme fade du début avait laissé la place à une femme alerte et sûre d'elle-même. Elle prenait beaucoup plus soin de son apparence et de la façon dont elle harmonisait les couleurs de ses vêtements.

Elle se prit à éprouver du plaisir aux regards des hommes dans la rue.

– Mais je reste sérieuse et fidèle ! dit-elle.

Bientôt l'image et l'évocation de son mari devinrent secondaires.

Un jour, elle fit le rêve suivant : elle se voyait nue, se promenant dans un cimetière à mes côtés. Elle était heureuse de lire les noms sur les pierres tombales. Jusqu'au moment où elle vit le sien.

– Voilà, disait-elle dans le rêve, l'ancienne Pascale est morte !

Et puis vint le jour où elle décida de retrouver la jouissance réelle et de mettre en place sa première masturbation.

– Vous savez, j'y pense depuis longtemps. Je ne l'ai fait qu'avec mon mari. Et puis il me l'a interdit, alors je l'ai écouté, mais je sais qu'il n'a aucun pouvoir sur mon corps. C'est le mien. C'est moi qui décide, et si je veux me faire plaisir seule, quel mal y a-t-il à cela ? Hein ? Aucun.

» D'ailleurs j'ai lu des livres là-dessus et j'ai découvert de super-témoignages sur Internet. Ça a l'air trop bien. Je veux essayer. Je veux que mon corps retrouve des sensations fortes. Je crois que j'en ai marre d'imaginer ce que ça pourrait être. Mais je dois avouer que j'ai un peu peur. Parfois je me sens coupable d'avoir ces besoins-là. Et j'ai l'impression que si je le fais, on va me couper la main ou me tuer pour une faute impardonnable. Mais j'y arriverai !

L'accès à la possibilité de la masturbation devint pour Pascale le signe que sa libération intérieure était en marche. Comme une révolution qui avait construit petit à petit ses exigences et qui maintenant réclamait passage à l'acte et prise de pouvoir.

Pascale allait vers la découverte de son sexe et de sa puissance avec une allégresse teintée de peur. Je pensais à Matteo Colomb qui « découvrit » le clitoris en 1550 et qui fut condamné au bûcher par l'Inquisition.

Pascale prenait sa décision d'un possible plaisir solitaire comme on décide de se libérer de ses chaînes au risque d'en périr.

Il fut simple de le dire. Moins simple de le réaliser.

Il s'ensuivit une période légèrement dépressive, où, parfois, elle restait de longues minutes allongée sans rien dire. Ses silences étaient ponctués de soupirs et de larmes. Les tremblements revenaient comme pour lui indiquer sa « maladie » revenue.

– Je suis folle, dit-elle un jour. Pourquoi ne pas me contenter de ce que j'ai ? Un mari, des enfants, une maison, une belle voiture. On ne meurt pas de faim, et je suis honorée régulièrement par mon époux. N'est-ce pas une preuve d'amour ? Beaucoup de femmes voudraient avoir ce que j'ai. Celles qui ont été excisées, elles ne paraissent pas si malheureuses, finalement. J'en ai vu une à la télé l'autre soir. Eh bien ! si on ne dit pas qu'elle n'a plus de clitoris, on ne peut pas le savoir. Ce n'est pas écrit sur son visage (sourire). On peut vivre sans ! Pourquoi vouloir jouir ! Pourquoi ? (Larmes.)

Le temps passa.

Elle vint me voir un jour de juillet semblable au tout premier. Elle entra dans mon cabinet, posa son sac (un autre, acheté récemment !), me dit bonjour rapidement et alla d'emblée s'allonger sur le divan. Elle soupira et se mit à rire.

– Ça y est ! Je l'ai fait ! Plusieurs fois même ! Je me suis branlée ! Oh ! ça fait du bien de le dire grossièrement ! Branlée ! Branlée ! Pascale s'est branlée et elle a aimé ça ! Oh ! mon Dieu, quel soulagement !

» Je ne vais pas dire comment ça s'est passé, c'est trop intime, mais je vais dire comment c'est venu. Voyez-vous, je ne vous ai pas dit que j'avais de plus en plus mal à la voûte plantaire.

» J'ai réfléchi : “ C'est quoi cette douleur ? Je n'arrive plus à mettre le pied au sol sans avoir mal ! Je n'avance plus ! ” Et j'ai compris que c'était parce que je n'arrivais pas à prendre mon pied ! Alors je me suis dit : “ Ça suffit maintenant ! Prends-toi en main ! Tu veux jouir seule ! Vas-y ! Qu'as-tu à perdre ? Rien ! Tu as tout à gagner. ”

» Et je l'ai fait un jour, comme ça. Je n'avais rien prémédité, mais ce fut comme une évidence. Vous savez pourquoi je l'ai fait ? Parce que le ciel était bleu ! C'est bête, hein ! Le ciel est bleu, donc je me masturbe pour la première fois ! À quarante ans passés ! Quelle folie ! Non, non : quelle joie ! Ouah ! Là ! Quelle joie ! Ma voûte plantaire, en fait, c'est la voûte céleste, c'est l'endroit où les nuages s'entrechoquent et créent l'orage, les tempêtes, la pluie ! C'est une arche au-dessus de moi. Ça me fait penser à l'Arche d'alliance. Je ne sais pas si la référence religieuse a vraiment sa place ici, mais c'est à ça que je pense, alors je le dis ! Voilà ! Je suis une Arche d'alliance ! Quand j'ai commencé à me caresser, c'est cela qui est venu. Cette idée qui est venue. Je suis une Arche d'alliance. Alliance avec le monde, alliance avec moi, alliance avec tout l'Univers et toutes les femmes du monde. Je suis sûre que si nous nous caressions toutes ensemble pour emplir l'atmosphère de nos cris de jouissance, il n'y aurait plus de guerres ! Vous pensez que l'on peut continuer à tuer pendant qu'une femme jouit ! Oh ! je ne sais pas, les hommes sont tellement englués dans leur besoin de pouvoir ! Ils sont durs ! Nous, on est en creux, en vagues.

» J'étais sous la voûte céleste et j'ai découvert réellement mon clitoris. Je l'avais déjà caressé avec mon mari, mais pas comme ça, pas avec autant de dévotion. J'étais envoûtée sous la voûte céleste. J'étais le ciel. J'emplissais mes poumons de bribes de nuages qui descendaient vers moi comme des lutins facétieux.

» Le désir était revenu comme un ami parti quelque temps à l'étranger et que l'on retrouve sur le quai de la gare de l'Est. Pourquoi je dis la gare de l'Est ? Oh ! peu importe. Enfin, si, c'est une gare triste et c'est important de mettre de la joie et du délire là où c'est triste et sale.

Alors il est là, cet ami, et on le prend dans ses bras, on le serre très fort, presque à l'étouffer. Mais c'est parce qu'on l'aime.

» Parce qu'on lui veut du bien. Parce qu'on veut le mettre à l'intérieur de soi tellement on l'aime.

» Je délire, mais cela fait du bien de délirer. Je vibre, en fait. Voilà, c'est cela, une vibration particulière. Avant j'avais des tremblements, maintenant j'ai des vibrations. C'est différent. C'est tellement différent.

» Est-ce que je peux dire que je suis plus moi-même ? Cela me semble énorme de dire cela ! Je serais moi-même parce qu'à quarante ans j'ai accepté de me masturber sans culpabilité et que j'en ai éprouvé un plaisir plus qu'intense ? Cela n'a pas de sens. Ou alors ça voudrait dire que les choses sont, finalement, simples, précises et sacrément bonnes au bout du compte !

» En fait, c'est parce que ce n'est pas simplement une partie de moi-même que j'ai caressée, non, c'est mon âme tout entière qui s'est ouverte et j'ai pu côtoyer des lieux bizarres et subtils que je ne connaissais pas.

» Voilà. C'est une histoire d'âme ! Et ne croyez pas que je suis en train de faire un délire mystique. Vous n'avez pas à appeler les institutions psychiatriques. Au contraire, je suis saine d'esprit. Je n'ai jamais été aussi saine d'esprit qu'en ce moment !

Pascale s'est levée. Elle répétait cette phrase comme un mantra :

– Je suis saine d'esprit ! Je suis saine d'esprit.

Non pas pour se persuader de son bon sens psychologique, mais pour l'affirmer à la face du monde.

Elle s'est penchée sur mon bureau, a déposé le chèque de paiement de la séance. Et puis elle est partie.

Je suis resté plusieurs longues minutes encore envahi par ce flot de mots. J'avais été le témoin du récit d'une libération qui, sans aucun doute, n'était que le préambule à beaucoup d'autres.

Comme souvent dans ces cas-là, j'avais l'impression contradictoire d'avoir aidé Pascale, mais aussi de n'avoir été là que pour être « utilisé » pour qu'elle puisse aborder des rivages inconnus pour elle.

Juste un tremplin.

Juste une permission.

Mais s'installa en moi rapidement la sensation douloureuse que, malgré mes années d'études et de consultations, je n'avais rien saisi du désir féminin.

Il me restait étranger et mystérieux.

Beaucoup d'hommes, y compris Sigmund Freud, ont eu ce sentiment. Mais, là, j'étais encore sous le choc. J'avais envie de comprendre plus, de ressentir plus, de connaître plus !

Comment pouvais-je faire ?

Rester dans mon cabinet et me saisir de la chance que représentaient mes patientes pour apprendre. Cela me semblait non seulement vain, mais, plus encore, non déontologique.

Et puis je repensai à ces longs moments à la fac à disserter sur la sexualité, à réfléchir. Et même si mes enseignants avaient été parmi les meilleurs, cela ne suffisait plus. Il me fallait autre chose.

J'annulai les séances suivantes et je me retrouvai dehors, dans la vraie vie.

Bouleversé.

Le soir, je réfléchis. Mon état me paraissait à la fois exaltant et stupide. Quoi ? Consacrer du temps à une chimère. Chercher à trouver un sens au « continent noir » du plaisir de la femme !

J'hésitais entre continuer mon travail et ranger ces moments avec Pascale au rang d'une histoire sexothérapeutique comme une autre ou accepter mon trouble et prendre quelques mois de congé sabbatique pour trouver une réponse sensible à ce qui me taraudait.

Au petit matin, je pris la décision de fermer mon cabinet quelque temps et de partir en recherche.

Je me trouvais idiot, mais j'étais heureux de cela.

Je pris mon petit déjeuner et j'allumai ensuite mon ordinateur.

Masturbations féminines

Prends les outils de bronze, abats de longues poutres, unis-les pour bâtir le plancher d'un radeau ! Dessus, tu planteras un gaillard en hauteur, qui puisse te porter sur la brume des mers.

HOMÈRE, *L'Odyssée*, chant V

Lorsqu'on est peu habitué au monde de l'Internet et que l'on cherche à saisir, comme moi, des informations sur le plaisir féminin, on se trouve face à une galerie sans fin d'images, de propositions, de témoignages, et au sortir de ces voyages électroniques il ne reste pas grand-chose. Juste une légère euphorie mâtinée de maux de tête et un goût un peu amer dans la bouche.

Je n'eus pas l'impression, au début de mes recherches, de pouvoir trouver face à l'ordinateur ce que je cherchais.

Et puis… que cherchais-je exactement ? Une réponse, mais à quelle question ?

Une solution ? Mais à quel problème ?

Je me dirigeai donc naturellement vers l'écriture. Comme il s'agit de ma formation de base, ce fut plus facile. J'étais en terrain connu.

Et puis j'avais déjà parcouru beaucoup de livres au cours de mes études.

Mais ce que je voulais, c'était une parole différente, un ton autre, des perspectives inattendues…

J'étais avide de sensations dans la continuité du bouleversement salvateur ressenti à l'écoute de Pascale.

Je me mis à dévorer des livres sur le tantra, l'*Éloge de la masturbation* et *Le Dictionnaire de la sexualité humaine* de Philippe Brenot, les récits érotiques de Sophie Cadalen, Maïna Lecherbonnier, Françoise Rey et Françoise Simpère, *La Vie sexuelle en France* de Janine Mossuz-Lavau, *Les Femmes et leur plaisir* d'Isabelle Yhuel, *La Sexualité de Narcisse* de Sarane Alexandrian et tant d'autres choses que mes rêves devinrent peuplés de mots qui dansaient la sarabande au milieu de sexes féminins ouverts, gracieux, souriants…

Mais je touchais du doigt les limites mêmes que j'avais rencontrées dans la pratique de la sexothérapie : une observation essentiellement clinique d'épisodes de vie auxquels je ne participais pas vraiment.

Il me fallait rencontrer, saisir en moi, au travers de ces rencontres, le point d'ancrage à partir duquel une vérité sensible pouvait trouver sa place.

Je revins vers Internet et découvris Voyages-interieurs.20mn.com, un site dédié à la masturbation féminine. Je vis, un peu ébahi, des photos en noir et blanc de femmes ayant accepté de se masturber et de jouir devant l'objectif.

Contrairement à d'autres photos, je ne ressentais pas ici le trouble du voyeur risquant d'être pris en flagrant délit.

Je prenais le temps de regarder, d'apprécier, et je m'aperçus que l'impasse dans laquelle je semblais m'engager auparavant devenait une ruelle plus ensoleillée.

Les regards n'étaient pas ostensiblement tournés vers le scrutateur, mais comme projetés vers l'intérieur des perceptions.

Les corps témoignaient d'une crispation non feinte. Le cri imaginé sortait d'une bouche réellement ouverte par l'urgence des sensations.

Il ne s'agissait pas d'une galerie de femmes cherchant à correspondre à des canons esthétiques préétablis, mais d'une féminité qui, en se relâchant, donnait à voir une intimité partagée et, du coup, troublante.

Essentiellement troublante.

Il s'agissait de poésie. Dans le sens vrai du terme. Non pas quelque chose qui cherche à faire joli, mais le témoignage d'une nécessité de dire cela, de montrer cela et rien d'autre.

Il y avait comme une ode, une délicatesse ourlée de respect.

Une porte entrouverte sur la compréhension des tremblements, des cyclones et des remous.

Je décidai de rencontrer Gaël, le photographe et le créateur du site. Peut-être aurais-je en face de moi un frère, un acolyte compréhensif qui pourrait m'aider à aller plus loin dans mon voyage initiatique.

Et puis vint le moment où je rencontrai Gaël.

– Je suis Gaël L., dit-il.

J'avais en face de moi un ange gracile. Fin, les yeux ouverts sur le monde comme après une trop longue exposition à l'ombre. Écarquillés et fragiles.

Je pensais, en moi : « Gaël, aile. » Et je m'apprêtais à le voir s'envoler au-dessus des toits de Londres, où nous nous étions retrouvés.

Nous ne parlâmes pas pendant plusieurs minutes.

Il savait pourquoi je désirais le voir. Je voulais savoir comment il avait fait et, surtout, s'il avait saisi quelque chose que les journaux, les livres, les films, les reportages ne peuvent, visiblement, pas dire.

– Comment j'ai fait ? Oh ! c'est une longue histoire. Mais toutes les histoires sensibles sont longues, car elles ont leur origine dans une histoire dont le début échappe à la verbalisation…

» Je travaille depuis plusieurs années sur des thèmes photographiques liés à la femme et je voulais faire un travail sur le sujet de la masturbation depuis longtemps. Ce projet était dans un coin de ma tête et je rencontrais souvent d'autres photographes qui, eux aussi, souhaitaient aborder ce genre de reportage.

» Et puis un jour je suis tombé sur un livre incroyable, un ouvrage du XIXe siècle sur la sexualité féminine. Une réédition était prévue, et on m'a proposé de faire une image pour cela. Ce projet n'a pas vu le jour, mais le germe était là !

» Vous savez, le thème de la masturbation féminine en photo est presque un classique ! Mais je voulais sortir des sentiers battus et j'avais le sentiment que ces sentiers battus étaient ceux de la fantasmagorie masculine. J'ai donc décidé de me mettre le plus possible en retrait et de donner à la fois la parole et la direction des séances aux femmes qui participeraient à ce projet…

– Mais, justement, dis-je, être en retrait, cela permet quoi ? On reste un spectateur !

– Mais je ne suis pas complètement froid et détaché. Je ne suis pas excité non plus comme je pourrais l'être dans d'autres circonstances si une femme se caressait ainsi devant moi !

– Mais elles se caressent devant vous !

– L'appareil photo crée une distance. Je ne vois ce qui se passe qu'à travers le viseur et je suis aussi concentré sur le cadrage, la lumière, les réglages… Parfois je suis en apnée, en attente du moment pour déclencher.

» Cette distance, je la cherche, j'en ai besoin. Si je lâche l'appareil ne serait-ce que dix secondes, d'un coup, je ne suis plus photographe, je me retrouve un homme face à une femme qui se caresse ! Or ces femmes ont accepté une séance photo, pas une exhibition… dès lors il est de ma responsabilité de respecter ce contrat implicite.

– Avez-vous pu comprendre ce que c'est que ce « mystère du plaisir féminin » ?

– Non. Mais j'ai en face de moi des mondes innombrables, étranges, étonnants…

– Mais nous devrions pouvoir y accéder ou tout au moins aller plus loin que la simple curiosité ou le compte rendu clinique et froid.

– Il y a une séance qui m'a particulièrement bouleversé. C'est celle que j'ai faite avec M., une femme fontaine. D'après nos discussions avant la séance, je prévoyais une manifestation de plaisir assez forte ! Là où j'attendais des gémissements, c'étaient des cris qui venaient. C'était violent, extrême, quasi animal…

– « Animal »… voilà un mot auquel je ne m'attendais pas ! Je le croyais réservé à la sexualité masculine, prétendue plus bestiale.

Il est vrai que l'écoute de Pascale m'avait fait entrevoir des univers non de bestialité, mais d'efflux telluriques et sauvages. Penser que la sexualité féminine puisse déboucher sur ces rivages-là m'offrait des possibilités de recherches nouvelles.

Je continuai à parler avec Gaël. Il me livrait ses réflexions sur son travail, sur le livre de photos qu'il venait de publier, son site, ses expositions à venir… mais mon esprit était ailleurs, fourmillant de questions que je n'arrivais pas à formuler. Je me sentais timide et emprunté.

Je risquai un avis :

– Qu'est-ce alors que la sexualité quand on n'est que témoin et pas acteur de ce qui se passe ?

– C'est une contemplation.

– C'est une réponse bien religieuse me semble-t-il !

– La religion n'est pas dans le fait de contempler. Elle est dans la nature de l'objet contemplé. Ce dont nous parlons, c'est de femmes, de corps qui cherchent à jouir et de l'impossibilité que nous avons, nous les hommes, à comprendre ce qui se passe quand c'est intérieur, profond, caché...

Quelques instants d'un silence zébré par la lumière filtrant au travers des vitres du pub. Au-dehors, léger crachin. Au-dedans de moi, un bouillonnement. Depuis Pascale, je savais que ce que je cherchais n'était pas qu'une simple quête absurde et érotique. Je pressentais qu'une loi existentielle se cachait dans la jouissance des femmes.

– Alors ça sert à quoi de jouir ? À se faire du bien ? Mais on peut aussi se faire du bien avec un bon foie gras ou une belle bouteille de château-latour...

– Le château-latour, je vous l'accorde, apporte beaucoup de jouissance, mais je crois qu'il y a autre chose...

– C'est vague : « autre chose »...

– Oui mais, vous savez, j'ai rencontré une de mes modèles, L., qui, à travers les séances de photo et la masturbation, a compris beaucoup de choses d'elle-même...

– C'est-à-dire ?

– La masturbation est une part entière de sa vie. Ce n'est pas le substitut de relations à deux ou plus, comme certains le pensent. L. comparait cela à son « institut de beauté » personnel. Elle est issue d'une culture musulmane très traditionaliste. La masturbation lui a permis de se réapproprier son corps, qui lui semblait appartenir à d'autres. À sa famille, son mari, sa culture...

Je vis alors le plaisir féminin comme la possibilité de dire au monde ce qui se passe en soi, de l'affirmer et… de le revendiquer.

Il me fallait trouver une autre piste, me poser sur un autre territoire, accumuler encore des données précieuses à mon avide besoin de compréhension émotionnelle.

Gaël L. se leva, et nous prîmes congé en nous jurant de ne pas nous perdre de vue. Il allait continuer son aventure, et nous savions que nos routes se recroiseraient.

Je finissais mon café londonien quand je sentis une main se poser sur mon épaule. Je me retournai, surpris.

Un homme âgé d'environ soixante ans se tenait devant moi. Il semblait fatigué et me demanda de s'installer quelques instants en face de moi. Il me parla en français avec un fort accent grec.

– Je ne veux pas trop vous importuner, mais j'ai entendu votre conversation avec votre ami. Je m'appelle Alki Nioos et je suis psychanalyste. Vous savez, ce que vous semblez tenter de comprendre, je le cherche aussi. Mais vous devez saisir que la femme et son mystère ne peuvent se comprendre que si vous allez à leur rencontre.

C'est en parlant avec des femmes hors de mon cabinet que j'ai pu commencer à saisir certaines nuances.

» Les femmes ne sont pas toutes conscientes de ce qu'elles portent en elles, mais elles l'ont et les hommes non !

– Moi aussi je suis psychothérapeute et j'ai décidé d'arrêter l'exercice de ma profession pour initier cette prospection. Je commence…

– … et vous ne savez pas où aller ?

– Non, pas vraiment…

– Je vous conseille d'écouter ce que les femmes ont à dire de leur sexe avant de poser des théories dessus. C'est un organe particulier, il est construit à partir de sensations fines et délicates, et vous ne pourrez jamais savoir, car, cher ami, vous n'avez pas de vulve !

– Merci, je le savais déjà ! Vous auriez une piste ? Un conseil ?

– Oui. Allez au VC !

– Aux W-C ?

– Je me fais mal comprendre ! Il s'agit du Vagin Center ! Je vois à votre sourire que vous pensez à une blague un peu graveleuse. Détrompez-vous, c'est un groupement de femmes très sérieuses et très intéressantes. Rencontrez Bérengère et demandez-lui de vous parler du sexe de la femme, et, surtout, respectez pour une fois les principes psychanalytiques hors de votre cabinet : taisez-vous !

Car les psychanalystes ne parlent pas dans leur cabinet de consultation, mais qu'est-ce qu'ils jactent en dehors ! Une vraie cacophonie !

– Et où puis-je rencontrer Bérengère ?

– À Lille. Voici l'adresse. Allez la voir de ma part.

Nommer son vagin

Violent vertige
Les ailes couvrent le ciel
Du bas je suis ouverte vers le haut.

Marie-José de Aguiar

– Bérengère, c'est votre vrai nom ?
– C'est un pseudo, jeune homme.

La pièce où je me situais était petite et confortable. Coussins partout. Couleurs orangées et rouges. Au mur, trois affiches : *Les Monologues du vagin*, dans la version avec Isabelle Huppert, *Femmes à venir…*, le spectacle sur la condition des femmes du Théâtre des Possibles, et « Protégeons les hérissons ».

J'étais dans un antre cossu et agréable.

Bérengère m'offrit d'office un thé. Je tenais dans mes mains le breuvage brûlant tout en pensant à l'injonction du psychanalyste grec : se taire !

– Alors, vous voulez entendre des femmes parler de leur sexe ?

– Oui... euh... oui... peut-être...

– C'est peut-être ou c'est sûrement ?

– C'est oui.

– Redites « oui » que je vois comment ça résonne en vous le fait d'être dans l'assentiment.

– OUI.

– C'est étrange, mais vous dites oui en ayant peur ! Je vous fais peur ?

– Non, ce n'est pas ça, mais je cherche quelque chose sans savoir comment chercher... alors c'est un peu...

– Compliqué ?

– Oui, c'est ça...

– Dans *compliqué* il y a *con,* c'est déjà un bon début, non ? dit-elle en riant aux éclats. Savez-vous que c'est le nom donné au sexe de la femme ?

– Oui, bien sûr !

– Vous vous rendez compte, notre sexe est à la fois une « vulve » et une « personne peu intelligente » ! Définitions du *Grand Larousse* ! Alors allons-y dans la grande con-fusion ! Connard ! Déconner ! *Con* vient du latin populaire *cunnus,* mais on peut le rapprocher du grec *khésos*, du persan *kun.* Dans l'hindouisme, Cutti ou Kunda sont des titres de la déesse Kali, dont le sexe est vénéré sous le nom de *yoni* !

– J'ai étudié le tantra, vous savez, et je connais l'origine du yoni.

– Mais vous ne savez faire que ça ! Étudier ! Comme si nous étions des animaux de laboratoire. Étudier, disséquer, com-prendre… (Elle se mit à rire de nouveau.) C'est étonnant, le con est partout sauf là où il doit être reconnu : entre nos jambes, jeune homme, entre nos jambes !

– Justement…

– … Justement, vous voulez faire différemment ! Saisir le grand mystère ! Ouvrir les portes d'un paradis fait de délices et de joies ! Je vous accorde que certains hommes essaient d'aller sur nos terrains juteux avec respect. Savez-vous qui a dit :

Nous traînons dans la boue
Le sexe de la femme.
Nous portons
Ses merveilles comme une épidémie
Et nous avons des mots sinistres
Pour nommer sa braise qui nous met
En état d'innocence et de magie.

» Vous ne savez pas ? Eh bien ! c'est un homme, oui, un mâle. C'est René Depestre. Mais il est noir. Seuls les poètes nègres peuvent comprendre le sexe des femmes, car à l'intérieur il est aussi lumineux que le noir de leur peau !

– Je viens parce que le psychanalyste grec m'a parlé de vous.

– Ce cher Alki ! Bon ! Voici ce que je vous propose. Je vais arrêter de vous bassiner avec mes références littéraires et historiques. Vous allez vous promener dans notre belle ville de Lille et vous reviendrez ce soir. Disons 23 h 30... J'ai une réunion avec un groupe de femmes. Nous pouvons vous rencontrer ensuite, il y aura quelques jeunes filles qui vous parleront de leur sexe. Vous écouterez et vous repartirez. Vous n'avez pas le droit de poser de questions. C'est OK ?

– C'est OK.

– N'oubliez pas que nous cherchons ici, à Vagin Center, à créer une utopie vivante, un lieu où les femmes se transmettent leur savoir sur le sexe, la vie, la féminité..., hors du patriarcat qui nous muselle depuis si longtemps. Nous voulons, à partir de notre gynécée, établir un autre rapport au monde... plus doux, moins guerrier, ce qui ne veut pas dire que nous n'admettons pas notre dimension sauvage. Mais être sauvage ne veut pas dire vouloir détruire l'autre, c'est, au contraire, vouloir partager la fougue et l'enthousiasme avec lui. Vous avez lu *Femmes qui courent avec les loups* ?

– Euh ! non…

– Allez l'acheter avant de revenir nous voir tout à l'heure. Enfin, non, faites ce que vous voulez ! J'avais promis de ne plus vous ennuyer avec mes références littéraires ! Allez ! À tout' !

Sur ce, Bérengère me claqua une grosse bise sur la joue et me mit dehors.

Je me retrouvai dans les rues de Lille. Je mis mes écouteurs sur mes oreilles et écoutai *Nook et Cranny* de Biosphere.

Les façades de la rue de Wazemmes défilaient au rythme doux et glacé de la musique.

J'étais comme en apesanteur.

J'allais rencontrer des femmes qui devaient me parler de la partie la plus secrète de leur corps…, le côté surréaliste de ma situation me faisait glisser un sourire béat sur mes lèvres. Je trouvai sans problème une librairie et achetai le livre en question. En sortant, je l'ouvris au hasard et lus :

La force sauvage de notre psyché a bien l'intention de mettre la patte sur notre ombre, montrant par là que nous sommes siennes. Et une fois que la Femme Sauvage l'a fait, nous sommes à nouveau nous-mêmes, nous sommes chez nous. La plupart des femmes n'en ont pas peur. En fait, elles ont une envie folle de ces retrouvailles.

Si elles pouvaient alors trouver la tanière de la Femme Sauvage, elles se précipiteraient pour se lover dans son giron. Elles ont seulement besoin d'être mises sur la bonne voie ; le chemin mène toujours vers le bas : c'est une plongée à accomplir dans le travail, dans la vie intérieure de chacune, dans le tunnel, jusqu'à la tanière.

En traversant, je faillis me faire écraser par une voiture.

– Espèce de con ! me dit le chauffeur.

Mon sourire devint un rire franc et massif. Le chauffeur dut me prendre pour un illuminé. Je pense qu'il devait avoir raison.

Plus tard, j'arrivai chez Bérengère. 23 h 30 pile. Elle avait fait brûler un encens indien où je devinais le mélange subtil de la bergamote et du benjoin.

– Je vous rappelle les règles : pas de mots, pas de questions, pas d'avis… Juste les mots de mes cinq sœurs et vos oreilles grandes ouvertes…

Je dis « oui ».

Bérengère fit entrer cinq femmes, qui s'installèrent autour de moi.

Elles semblaient timides et réservées. Je me dis que le désir de Bérengère que je reste silencieux était lié à la fragilité que je ressentais chez elles.

Bérengère s'adressa aux femmes :

– M. Borda fait une recherche sur la sexualité féminine. C'est pour cela qu'il est ici. Il s'intéresse à notre travail. Pouvez-vous redire ce que vous avez réussi à dire tout à l'heure au sujet de votre sexe ? Allez-y ! N'ayez pas peur ! C'est un spécialiste !

Une première femme prit la parole :

– Je m'appelle Louise. Mon sexe est petit et fermé. Il semble muet. Il pince ses lèvres comme pour retenir son souffle ou une prière ou un rire. Je le connais peu. J'ai trente-huit ans, et pourtant cette partie de mon corps me semble étrangère. Je viens ici pour apprivoiser ce qui me fait peur dans la sexualité. Je n'ai pas été violée ou abusée petite. J'ai juste une difficulté à accepter d'être une femme et d'avoir ce sexe-là ! Bérengère nous apprend à accepter la masturbation, à comprendre que cela peut nous faire du bien, mais mon sexe reste obstinément réticent à la caresse.

– Ce que dit Louise je l'ai vécu aussi ! Je m'appelle Laura, et accepter mon vagin fut un long voyage en moi-même. On nous dit tellement peu de choses sur lui, ou alors ce sont des mots terribles et salissants.

Bérengère intervint :

– On a l'habitude de dire que le sexe de la femme ne se voit pas. Qu'il se montre en se cachant. Tout cela est vrai. Mais si nous, les femmes, nous ne faisons pas l'effort de la découverte intime et de ce que j'appelle l'« appropriation psychique », nous nous installons dans l'idée que ce sont les hommes qui doivent nous apprendre à connaître ces territoires intimes de nous-mêmes. Vous comprenez ?

Je fis oui de la tête.

Laura continua :

– Mon sexe, je l'écarte pour y voir ce qui s'y cache. Je l'ouvre pour laisser jaillir le diamant. Je l'ausculte… Je le sonde. Je l'effeuille… Je le vis comme un antre souterrain sous mes reins. Je m'y livre, je m'y perds, je m'y ressource. Et, maintenant, je le tutoie !

– Moi, je suis Lou. Je viens chez Bérengère depuis six mois, et c'est un vrai délice de pouvoir parler avec mes copines, mes sœurs. J'ai appris à aborder mon vagin par l'écoute. Eh oui ! je l'écoute ! Et je me suis rendu compte qu'il bruisse ! Je l'entends aussi gémir. J'ai l'impression qu'il peut me parler et me révéler des pensées secrètes sur moi-même. C'est aussi un confident. Quand je suis triste ou que j'ai vécu une aventure difficile, je lui raconte, et il sait me répondre.

J'avais envie de demander comment il pouvait répondre. Tout cela me paraissait abstrait, mais je me tus.

Une autre jeune femme sortit une feuille de sa poche.

– Je m'appelle Nanou. J'ai écrit un poème en hommage à mon clitoris. Je voudrais vous le lire. C'est un acrostiche.

– Nous t'écoutons, Nanou, dit Bérengère.

Nanou récita son texte, le rouge aux joues :

Coquillage de rose perlé
Luisant sous tes baisers
Irisé sous tes yeux d'amour
Tout auréolé aux recoins de mes détours
Ondulant dans mes soupirs
Rougeoyant dans les merveilles du plaisir
Ivresse de l'envie
Secret magnifique de la vie, je t'aime…

– C'est un très beau texte, dit la cinquième femme, qui répondait au doux nom de Mélody. Tu nous l'as lu tout à l'heure, et il fait plaisir à entendre encore ! Bravo ! Bien… C'est à moi de parler ! En ce qui concerne mon sexe, donc, puisque c'est le sujet brûlant du moment (rires), je le vis comme un endroit secret et pourtant disponible et accessible. C'est un espace de jeux. J'y mets beaucoup de choses et surtout de petites boules qui font de la musique quand je marche. Et je le découvre chaque jour. Il a plein de points subtils qui me donnent des frissons. Le point G comme Gagnant et le point P comme Paradis et aussi le point O comme Osmose, et le point B comme Bonheur et le J comme Joie… Rien que d'en parler, je sens les sensations fortes qui me gagnent !

– Je n'ai pas encore découvert cela, dit Louise, mais je sens que ça peut arriver ! C'est pour cela que je suis ici ! Pour cet espoir profond et noble ! J'ai l'impression de ne pas mériter le bonheur que peut me donner mon vagin. Mais je laisse s'ouvrir un peu plus chaque jour mes ailes du plaisir possible !

– Voilà une belle image, dit Bérengère.

– Ce qui nous manque, rajouta Nanou, c'est le rire. J'ai comme la sensation que pour nous, femmes, le sexe doit être quelque chose de sérieux. En fait, le travail que nous faisons avec Bérengère, c'est d'apprendre à rire avec notre sexe. Un grand rire heureux et plein !

Laura leva la main pour prendre la parole.

– Tu veux aller aux toilettes, lui dit Nanou.

– Non, je voulais dire que je découvre mon sexe. J'apprends à le nommer : vulve, vagin, vertige, vasque, visage du bas, vaporeux vertige. Le nommer me permet de saisir toutes ses facettes. Je sais qu'il est multiple. Je le pressens et je ne l'ai pas encore totalement compris. J'aime cette sensation d'être là, comme avant la découverte. Juste le moment où le pied va se poser sur une terre inconnue.

Rires des six belles.

Partage de sensations.

Bérengère intervint de nouveau pour me dire :

– Voilà ! Rentrez chez vous et gardez précieusement tous ces mots. Je ne sais pas ce que vous allez découvrir, mais sachez que les femmes ont besoin qu'on apprenne à les écouter sans porter de jugements sur leurs mots. Si vous arrivez à faire cela, ce sera déjà une grande réussite !

Je quittai le Vagin Center et me retrouvai dehors.

Je marchai.

Aucune envie de dormir. Je pensais à ces six reines.

Comment apprendre à se découvrir (« Les pensées d'Ulysse I »)

Et ainsi, en allant vers les autres, il allait aussi à sa propre rencontre.

Olivier Bordaçarre

Après cette rencontre avec Bérengère, Lou, Laura, Louise, Nanou et Mélody, j'ai décidé de prendre un temps dans ce parcours pour noter mes pensées. Je n'ai pas l'habitude d'être en aventure perpétuelle et j'ai besoin de poser quelques réflexions sur le papier. Cela me rassure et me permet de me ressourcer à ma formation initiale qui est du côté de la réflexion.

Réfléchir me permet de souffler et de donner une suspension nécessaire au temps.

Je pense et, ainsi, je me laisse le loisir de mieux agir.

Plus tard.

Lorsque l'on est un homme et que l'on porte une attention sensible à l'expression de la sexualité féminine, on est d'emblée frappé par l'impossibilité de comprendre et de conceptualiser. D'où le réflexe de poser sur ce terrain inconnu les mots « mystère », « continent noir », ou d'autres parfois moins agréables, voire discriminatoires. Mais ce que nous faisons n'est, ni plus ni moins, qu'une tentative de ramener cette sexualité autre à la nôtre afin de juger à partir de critères masculins et de grilles d'analyse connues et reconnues.

Décider d'aborder les rivages de la sexualité féminine avec le moins d'a priori possible demande un effort et un lâcher-prise important. Pour un sexothérapeute qui a appris à ranger la sexualité humaine dans des cases et à n'aborder celle-ci que du point de vue de la psychopathologie, cela relève d'une transformation intérieure profonde.

C'est accepter de placer son regard sur un autre axe et apprendre à entrer en sexualité comme en découverte.

Cela relève du voyage, de l'aventure et de la quête.

Nous savons à quel point dans l'histoire occidentale le corps de la femme a été muselé et déprécié. Et combien l'expression du désir féminin et sa capacité d'expansion sont liées à la place sociale faite à la femme. Tant que celle-ci a pour mission de bien tenir le foyer et d'offrir à son compagnon le havre de paix le plus évident qui soit, elle ne peut considérer sa sexualité qu'en fonction d'une dimension de reproduction ou d'allégeance à l'expression du plaisir de son partenaire.

Elle est une accompagnatrice. Elle se doit d'être un témoin attentif et passionné de l'expression du plaisir masculin.

Bien sûr, la force (enfouie et puissante) du potentiel sexuel féminin a toujours été reconnue. C'est pour cela qu'il est bon de cantonner la femme à des sphères reconnaissables. Les images de la sorcière ou de la prostituée participent à cela. D'un côté le Mal qu'il faut détruire, de l'autre un ghetto rassurant dans lequel les « femmes de mauvaises vies » au service, là encore, de l'homme sont parquées et affublées d'un uniforme reconnaissable et, finalement, rassurant.

Aller vers la rencontre avec l'expression du sexuel féminin, c'est casser volontairement ces barrières. C'est passer au-dessus de ces images figées.

C'est « rester vierge » et accepter de se laisser surprendre par ce qui vient et qui peut ne pas correspondre aux schémas reçus et appris.

Pour nous, psychothérapeutes, psychanalystes et sexothérapeutes, il a fallu attendre que les femmes occupent le terrain théorique pour sortir du marasme orgasme clitoridien = orgasme immature. Françoise Dolto, Alice Miller, Christiane Olivier et d'autres ont ouvert des pistes de réflexions, dans le champ psychanalytique, qui ont secoué la forteresse freudienne.

Mais nous restons dans le théorique, si essentiel soit-il !

Ce dont je me rends compte en commençant à avancer dans ces découvertes et ces rencontres, c'est combien la sexualité humaine est multiple. En fait nous n'avons pas une sexualité, mais, à l'évidence, plusieurs. Chacune de nos sexualités répondant à des besoins différenciés de notre organisation psychique.

Cette richesse est, visiblement, dérangeante pour la plupart des hommes qui souhaiteraient réduire l'activité sexuelle à sa seule dimension génitale. Ce qui permet de donner une place prépondérante au pénis comme seul représentant de la jouissance possible.

C'est oublier, bien entendu, le clitoris, qui est, faut-il le rappeler, le seul organe humain dédié essentiellement au plaisir !

Cette discrimination accompagnée d'un déni anatomique a cantonné et cantonne encore la femme dans une soumission au pénis et à son représentant suprême, le Phallus.

Il suffit de lire les définitions des dictionnaires, la plupart du temps succinctes, voire erronées, pour comprendre le peu de cas fait de l'anatomie féminine. Le court séjour au Vagin Center m'avait fait saisir cela de manière évidente !

De ma rencontre avec Bérengère et ses reines, j'ai compris combien le rapport au corps n'est pas qu'une connaissance de soi, mais est aussi une projection vers soi et hors de soi. Il ne peut y avoir de saisie parfaite de son schéma corporel sans y associer des images, des sensations, des perceptions.

Le sexe d'une femme vibre aussi bien à l'extérieur d'elle qu'à l'intérieur, et cet intérieur (invisible, secret, magique) s'appréhende par des routes sensibles et multiples.

Plusieurs sexualités, disais-je. Je saisis sans conteste l'importance du génital. C'est notre sexualité reproductrice, hygiénique. C'est celle que mettent en avant les médias, les médecins et… les sexologues. Il nous faut, ici, tenter de comprendre comment cela fonctionne et comment cela dysfonctionne aussi, bien sûr.

Mais si nous nous réduisons à ce stade de nous-mêmes, hommes comme femmes, nous restons dans un rapport très animal à notre besoin de plaisir physique.

Les reines de Bérengère m'ont fait appréhender l'importance de la sexualité fantasmatique, liée à l'image et à la poésie du corps. Elles m'ont fait saisir l'importance de connaître son corps d'un point de vue non seulement anatomique, mais aussi fantasmatique et symbolique.

Je commence aussi à entrevoir la possibilité d'une sexualité inconsciente, impossible à nommer, enfouie et impalpable, et pourtant pourvoyeuse de chimères. Me vient l'idée d'une sexualité purement sublimée, faite de projections et de fantasmes, et d'une sexualité tout empreinte de spiritualité non religieuse, manière d'aborder le corps comme un temple, comme une cathédrale où viendraient vibrer les sons, les souffles, les trompettes de la jouissance enfin déliées.

Tout cela, tel est mon postulat, les hommes et les femmes en sont les porteurs gracieux et conquérants. La femme, de par sa sensibilité, y a plus facilement accès que l'homme. Mais le sait-elle vraiment ? Lui laisse-t-on l'entière possibilité de le savoir ?

Mon aventure se doit donc d'aller explorer ces champs et ces chants de la manière la plus ouverte possible. Afin de rendre compte de l'étendue de nos territoires intimes.

Aller vers d'autres femmes, c'est aussi m'aventurer dans un monde où la sexualité se différencie de l'amour.

C'est faire un travail de recherche, oui, mais c'est aussi apprendre à me découvrir.

Après avoir regardé plusieurs sites vantant les mérites de jouets intimes, je décidai d'aller à la rencontre de celles qui dirigent ces ventes en ligne et de me rapprocher plus encore des secrets de la masturbation féminine.

Annelolotte et les sex-toys

Une des façons les plus rapides d'introduire de la nouveauté dans votre vie sexuelle est d'y inviter un joli jouet flambant neuf, tout brillant et le plus souvent rose. Voilà un trio que j'approuve : vous, votre partenaire et un sex-toy (ou deux, ou trois).

TRACEY COX

J'ai rencontré Annelolotte au cours d'une émission de radio. Mon obsession de saisir la parole féminine m'avait amené à participer à des débats radiophoniques en tant que sexothérapeute, ce qui restait encore mon métier. Cela me permettait de faire passer le message sur ma recherche de témoignages.

Elle était là, pimpante et heureuse au milieu de ses objets intimes : toupie tournante, lapin vibrant, soleil étincelant, pomme d'amour affriolante, double pénétrateur suprasensible…

Je me souviens de l'ambiance électrique qui régnait dans le studio. Que des femmes ! Elles regardaient ces objets comme des fétiches pour certaines, comme la reproduction d'un diable salvateur pour d'autres.

Annelolotte trônait au milieu de tout cela, jeune femme épanouie au sourire permanent.

Savait-elle quelque chose que je ne connaissais pas ? Il me fallait l'aborder, parler avec elle. Il me fallait tenter de dénouer une partie de l'écheveau.

Nous décidâmes d'un rendez-vous proche.

Je m'y rendis, fiévreux. C'était décembre à Paris. Un décembre plus que froid, qui avait eu raison de mes pauvres défenses immunitaires.

Au milieu de mes brumes intérieures, je vis apparaître Annelolotte. Elle était emmitouflée dans un long manteau noir. Pantalon de cuir dans lequel ses longues jambes la portaient vers moi en sautillant. Elle me fit un signe de la main, auquel je répondis par un mouvement de tête difficile au vu de ma migraine.

La discussion commença rapidement :

– Je suis directrice d'un site qui s'appelle Soft Paris. Nous proposons des produits coquins dans un univers feutré, sobre, chic et… soft ! Nous sommes situés à Paris, capitale du romantisme, du luxe et de la mode. Associer Paris à notre enseigne est donc tout à fait naturel…

Soft Paris ! Pour moi, c'était plutôt hard, Paris ! Ce froid, cette neige promise, mes articulations douloureuses… J'avais l'impression d'une dichotomie énorme entre le discours d'Annelolotte et mes sensations physiques.

– Le mot « produits » me fait penser à une démarche essentiellement financière, dis-je.

– Oh ! non, répondit-elle, il ne s'agit pas d'une simple affaire financière ! Après avoir passé huit ans à Londres (connaissait-elle Alki Nioos ?), où l'utilisation de jouets intimes est une évidence pour la vaste majorité des femmes, et cela l'était pour moi aussi (petit sourire entendu…), je suis revenue vivre en France.

» J'ai alors été surprise de découvrir le décalage qui existait entre la France et l'Angleterre face aux produits coquins.

» J'ai un penchant naturel pour les coquineries en tout genre (nouveau sourire entendu…) et je trouvais dommage que mes compatriotes ne puissent pas profiter pleinement des plaisirs de leur corps du fait que les sex-toys étaient méconnus ou difficiles d'accès en France.

» De plus, j'étais étonnée d'entendre qu'ici il était relativement acceptable d'avoir une maîtresse ou un amant, mais que les jouets intimes étaient peu utilisés !

– Ce n'est pas bien d'avoir une maîtresse ou un amant ?

– Moi, je trouve qu'il est plus sain, plus drôle et plus complice d'explorer toutes les possibilités offertes par son couple plutôt que de vivre des ébats cachés. D'utiliser des sex-toys plutôt que de prendre amant ou maîtresse !

Annelolotte semblait pouvoir parler des heures et des heures de son « travail », des sex-toys, du plaisir des femmes enfin accessible… Tandis que j'essayais péniblement de retenir mes reniflements peu élégants, j'osai l'amener sur le terrain de sa propre sexualité. Ce qui m'intéressait, c'était de savoir en quoi la proximité et le commerce de tous ces ustensiles pouvaient éventuellement changer quelque chose en elle.

– Je rencontre beaucoup de femmes. Je parle avec elles et j'apprends beaucoup de ce que nous sommes les unes et les autres.

» Vous savez, j'ai été fascinée de découvrir que la majorité des femmes peut éjaculer – et que moi aussi ! Pour certaines, cette éjaculation vient de façon innée. Pour d'autres, comme ce fut mon cas, elle peut être acquise. Ce phénomène m'intrigue et me fascine profondément parce qu'à mes yeux les femmes peuvent d'autant mieux se réapproprier leur corps et leur sexualité si elles acceptent toutes les facettes offertes par la nature.

» Cela est d'autant plus important dans le cadre de l'éjaculation féminine, car, étant mal connue, elle peut être vécue par la femme et/ou son partenaire comme une « urination » et être réprimée plus ou moins consciemment.

Ce qui me frappait dans le discours d'Annelolotte, outre l'allusion à l'éjaculation féminine, c'étaient les mots « se réapproprier son corps ». C'est en fait ce que Pascale avait vécu. Une réappropriation.

Comprendre le plaisir féminin de nos jours, ce serait ça : saisir la nécessité de cette conquête du corps.

Ce serait saisir comment les femmes, au-delà des victoires sociales, peuvent se redonner un corps. Ou mieux : se construire à partir d'un corps découvert, accepté, voire d'un corps nouveau.

L'image d'une androgynie fondamentale vint s'imposer à moi. Le mot « éjaculation » (typiquement masculin) associé à la sexualité féminine me troublait beaucoup sans que je m'en rende compte.

C'est à ce moment-là (je ne peux le dire que maintenant, a posteriori) que quelque chose de nouveau vint s'inscrire en moi. La prescience d'une piste à suivre...

– Bon nombre de femmes viennent vers moi, poursuivit Annelolotte, car elles sont curieuses et aimeraient « passer le pas » et utiliser un jouet intime. Elles se tournent donc vers moi pour avoir un avis éclairé. Je tente également de remettre la sexualité dans son contexte de ludisme, d'échange et de respect de l'autre.

» Un jouet intime sert à jouer, ni plus ni moins. Les jeux envisageables dépendent du couple, de soi, de son partenaire, de l'historique sexuel de ces trois entités, de la connaissance et de l'acceptation de soi et de ses fantasmes. La majorité des jouets intimes sont utilisés en couple. Ils ne sont pas utilisés systématiquement ni lors de la masturbation ni lors d'un rapport sexuel.

– Mais, alors, où est la différence ? Qu'est-ce que cela apporte de plus ?

– Le jeu, cher monsieur, l'inventivité, la créativité. Et un tiers qui s'invite pour ouvrir les espaces…

» Vous savez, j'ai un rôle d'information auprès des lectrices et des lecteurs de mon blog, qui, souvent, cherchent à mieux comprendre les choses du sexe. Ma responsabilité est de donner des informations justes, fondées sur des faits vérifiés, mais aussi de contribuer à l'évolution des mœurs en faisant sortir le jouet intime du sordide et du glauque pour l'inscrire dans une sexualité épanouie, équilibrée et ludique…

– Je suis sexothérapeute et je peux vous dire que ce n'est pas tout à fait gagné !

– C'est une utopie, un doux pari…

Je jetai un œil embué sur le livre qu'Annelolotte avait apporté avec elle. *Le Petit Prince* d'Antoine de Saint-Exupéry.

– Vous lisez *Le Petit Prince* ? demandai-je bêtement (le rhume fait parfois poser des questions totalement idiotes !).

– C'est mon livre préféré.

– Il n'est pas réputé pour son aspect torride !

– J'ai cru comprendre que vous aviez quitté votre cabinet pour vous lancer dans une grande aventure ! Vous voici dans la vraie vie ! Pour saisir les choses, cessez de vous fier aux évidences ! Oui, j'aime *Le Petit Prince* ! Vous pouvez être en contact avec la sexualité vingt-quatre heures sur vingt-quatre, ce n'est pas pour cela que vous ne gardez pas une innocence tout enfantine et désuète. Vous devez vous aussi chercher votre Rose. Vous avez choisi cette voie. Elle vous a conduit à moi. Demain, elle vous mènera vers quelqu'un d'autre. Vous devriez prendre contact avec Ysé. Elle aussi vous dira beaucoup de choses sur les sex-toys, la femme, les fantasmes, et peut-être vous approcherez-vous plus encore de votre rose intime.

» Je dois partir. Je ne vous embrasse pas…

– Non je garde mes microbes !

– Mais le cœur y est ! Le cœur, monsieur Borda ! Le cœur ! Ne l'oubliez pas !

Paroles de femmes

Trop a toujours été la mesure de mon monde intérieur.

MARINA TSVETAÏEVA

Elle est arrivée timide et chaloupée, posée comme une jeune princesse sur ses talons hauts. Présente, terriblement présente, et pourtant absente au monde, comme située dans une nacelle de grâce et d'élégance suave.

Assis en face d'elle, j'attendis que ses ailes finissent de se ranger soigneusement dans leurs écrins.

Ysé était là.

Je l'avais appelée deux jours auparavant, et elle m'avait donné rendez-vous au *Café des Arts*, près du musée d'Art moderne de Nice.

Un saut dans la navette, et me voici. Ou plutôt la voilà !

– Ainsi, vous faites partie de ces hommes pour qui la femme est un mystère ?

– Non, pas vraiment un mystère. Ce serait faux de dire cela. J'essaie juste, depuis un moment troublant vécu avec une de mes patientes, d'en savoir plus sur la sexualité féminine. Plutôt que de chercher dans les livres, j'essaie de rencontrer…

– Vous n'essayez pas puisque vous êtes là en face de moi ! Vous voyez que vous pouvez y arriver ! m'interrompit-elle

– Oui, c'est vrai, mais j'ai l'impression de patauger un peu…

– Je suppose que vous avez plein de questions ? Allez-y, même les plus intimes… Toutes les questions méritent d'être posées et portent à réflexion. Elles sont une plongée, une porte ouverte sur celui qui les pose…

Elle plongea ses immenses yeux verts dans les miens.

– Vous dirigez un site ?

– Oui, il s'appelle Piment rose. L'association des deux mots suscite une réaction immédiate chez ceux qui l'entendent…

Je me sentais un peu démuni. Je ne saisissais pas très bien. Aurais-je dû ressentir quelque chose de particulier ? Étais-je à ce point engourdi ?

Ysé continua :

– Piment rose enflamme l'imaginaire du désir bien avant de savoir ce que c'est ! Et, concrètement, pour donner du piment à la vie amoureuse, les sex-toys et autres accessoires érotiques sont des épices ludiques et sensuelles pour varier le quotidien et casser la routine…

– J'ai déjà entendu ce discours et je le comprends, mais vous ne trouvez pas que c'est donner à la sexualité une place de compensation qui me paraît peu dynamique. On s'ennuie dans la vie de tous les jours, donc on jouit plus et plus fort pour oublier les tracas. C'est une vaste chimère !

– Comme vous y allez ! Vous ne pensez pas que donner à nos contemporains la possibilité de se débarrasser de la culpabilité est un pas en avant considérable ? Je fournis une information franche, directe, sans vulgarité ni fausse pudeur. Nous ne sommes pas dans la pornographie, mais nous ne sommes pas non plus dans *La Petite Maison dans la prairie* !

» J'essaie de faire tomber les barrières, je donne du sens au plaisir et à ce que nous faisons : dédramatiser, déculpabiliser, “ détabouïser ” !

Ysé se leva et commença à arpenter le *Café des Arts*. Elle redevint, d'un coup, l'oiseau gracile que j'avais entraperçu à son entrée. Elle parlait au centre des tables vides. Heureusement, nous étions en milieu d'après-midi.

– J'ai appris, grâce à tout cela, à vivre au *je* et non plus seulement à travers *lui* ! J'ai appris qu'il n'y a pas d'âge pour jouir, que les femmes fontaines sont nombreuses et vivent leur expérience cachée, souvent dans la honte, parce qu'elles ne savent pas, et leurs partenaires non plus, ce qui leur arrive.

» J'ai appris à revenir à moi ! Ma tête parle enfin librement à mon cœur et à mon sexe. Piment rose est ma thérapie vers une connaissance personnelle intime de mon corps, vers une liberté d'être dans mes choix de vie, de partenaires.

» J'ai découvert ce que la circulation de l'énergie sexuelle veut dire.

» Je me suis abandonnée pour vivre le lâcher-prise dans le rapport amoureux. J'ai enfin accepté le plaisir que mon Homme complice me donne sans retenue.

» Je me suis autorisée à prendre du plaisir pour moi, à me caresser en solo.

» J'ai découvert comment muter l'énergie, apprivoiser le tantra, goûter au plaisir avec les femmes…

Je regardais Ysé. Elle semblait danser. Comme Annelolotte, elle avait fait allusion aux femmes fontaines. Je ressentis, de nouveau, une possibilité de « piste à suivre ». Je gardai cela au fond de mon esprit…

J'en étais presque à me dire qu'à un moment donné les femmes avaient cette capacité folle de tout lâcher, de glisser dans l'émotion, d'y vivre, de s'en repaître. Je pensais au flot de paroles de Pascale, mon initiatrice.

Ysé continuait :

– … perdre le sens de la réalité, naviguer sur une vague océanique, vibrer dans un orgasme du cœur…

Au mot « orgasme », deux femmes attablées se mirent à rire et à applaudir la prestation.

– … prendre le temps pour goûter à l'autre sans la précipitation, mais dans la jouissance absolue, caresses faites pour durer et non pour amener la conclusion d'un spasme éphémère…

Ysé revint s'asseoir et me sourit. Elle était éclatante.

– Vous savez, je suis surnommée « la marraine du plaisir ». Je suis une prescriptrice, une libératrice. Le jouet intime comme compensation, vous n'y êtes pas, cher monsieur Borda ! Le jouet intime : révéler, apprendre, comprendre, explorer, goûter, stimuler, soigner, reconstruire, jouer, prendre conscience, prendre plaisir, tonifier, entretenir, oser, dépasser, accepter, faire autrement… de la compensation ? Non, une aventure, un risque. Le risque d'être heureuse sans l'Homme et aussi avec Lui !

Je ne m'attendais pas à cela. Je me rendais compte de la vision restrictive qui était la mienne.

– OK ! dis-je. Je saisis, je crois – je n'en suis pas sûr, mais je crois –, ce que vous cherchez à me dire ! Mais j'ai besoin d'en savoir plus.

– Savoir plus de quoi ?

– Je ne sais pas. Du désir féminin…

– Vous restez longtemps à Nice ?

– Non, mais je peux attendre deux ou trois jours avant de rentrer à Paris. Ou revenir. Ça va tellement vite en avion !

– Je vous propose la chose suivante : je vais organiser une réunion Piment rose avec plusieurs femmes. Je vous invite, et vous pourrez leur poser plein de questions indiscrètes et cochonnes !

– J'ai rencontré Bérengère à Lille et j'ai déjà écouté des femmes parler de leur sexualité.

– Non, monsieur Borda. Elles vous ont parlé de leur sexe. C'est important, mais ce n'est pas suffisant. Je vous propose de rencontrer des femmes qui vont parleront de leurs orgasmes ! C'est autre chose, non ?

– Mais comment savez-vous pour Bérengère ?

– Tout se sait très vite de nos jours ! Alors, c'est OK ?

– Oui…

– Restez un peu par ici. Laissez, c'est moi qui paye. Je vous appelle et je vous propose un rendez-vous chez moi à Valbonne. Allez, je vous embrasse !

Elle posa deux belles bises sur mes joues et partit.

Nous nous retrouvâmes chez elle à Valbonne. J'arrivai le premier. Je fus étonné de découvrir en Ysé une femme affairée à s'occuper de ses deux fils. Je me sentis ridicule des projections qui avaient été les miennes. Je m'attendais, comme chez Bérengère, à un lieu mystérieux et j'étais dans un pavillon simple avec du linge qui séchait sur un étendoir, une télévision et des enfants réclamant leur dîner du soir !

Je redescendais sur terre, et cela m'apprit que même si nous allions parler de sexualité féminine, nous étions dans le réel. Un réel simple et tranquille.

Ysé me proposa de m'asseoir en attendant.

– Et si vous alliez chercher des pizzas ? Il y en a de très bonnes à emporter pas loin d'ici. Je vais vous expliquer le chemin…

Quoi ? J'allais me retrouver avec des femmes me parlant de leurs orgasmes en mangeant des pizzas ! J'avais espéré du caviar, des langoustes, du château-d'yquem !

Lorsque je revins les bras chargés, quatre femmes m'attendaient. Elles buvaient l'apéritif, les enfants étaient couchés et nous allions pouvoir commencer à deviser.

Il y avait Hédonie, Lola, Julie et Mylène.

Ysé revint et dit :

– Alors, on les mange, ces pizzas ?

Nous mangeâmes une délicieuse soupe poireaux-pommes de terre, puis les pizzas vinrent s'offrir à nos palais.

Je regardais ces cinq femmes autour de moi.

Il y a encore quelques jours, je n'en connaissais aucune, et elles étaient venues pour me parler du plus intime d'elles.

Bien sûr j'avais l'habitude d'être dans une situation similaire dans mon cabinet de consultation. Mais, là, aucune pathologie ne justifiait cet entretien.

Juste le plaisir de partager, d'échanger.

La discussion commença à partir dans tous les sens. Ces femmes se connaissaient et il leur était facile d'échanger sur des sujets divers. Les enfants, le travail, les loisirs... et puis, petit à petit, sans que j'eus à le demander, elles commencèrent à parler de leur rapport à la sexualité.

Elles racontèrent leurs histoires. Le point commun était une vie sexuelle contrariée dès le début, soit par une éducation stricte, soit par un compagnon qui ne les voyait que comme un objet de plaisir.

Plusieurs fois revint le terme de l'« ancienne sexualité ». Il y avait de toute évidence pour elles un avant et un après.

Mais qu'est-ce qui avait fait la différence ?

Ysé parla :

– C'est le travail sur soi qui aide. Moi, cela m'a aidée. J'ai pu éclaircir l'ombre et comprendre que je vivais au service du seul plaisir de l'homme et que je passais à côté de moi.

En tant que psychothérapeute, je n'allais pas dire le contraire. J'acquiesçais avec de grands mouvements de tête.

– Il y a effectivement une autre sexualité, continua Ysé, et c'est le moment où l'on se réapproprie son corps de femme. Si vous saviez comme ça fait du bien de ne plus suivre l'injonction : « Fais plaisir » ! Car ce dont je me suis rendu compte, c'est que plus on s'occupe de l'autre, moins il vient vers soi !

Hédonie poursuivit :

– Continue, fais-toi plaisir… voilà l'injonction positive ! Il a fallu qu'un homme ose enfin me dire cela pour que j'accède enfin à une impression réelle de jubilation et d'exaltation.

– Et puis, reprit Ysé, on peut personnifier son sexe. Ce qui m'a aidée, c'est de pouvoir le nommer. Avant, parler de vagin, de lèvres, de clitoris était impossible. Mon compagnon m'a prise en photo et il a surtout pris des photos de mon sexe. J'ai pu le voir comme lui le voyait et je me suis aperçue de sa beauté, de son étrange beauté !

Laura au Vagin Center m'avait tenu le même discours...

Je me tournai vers les trois autres femmes qui semblaient d'accord avec ce qui se disait.

– Ce terme d'« étrange beauté » vous parle ? demandai-je.

Ce fut un oui unanime.

Intérieurement j'esquissais un jeu de mots : l'attribut des femmes/la tribu des femmes.

– C'est de cela que nous avons besoin, dit Lola : d'être admirées. De sentir un vrai regard se poser sur nous. D'un accompagnement. Moi, mon ami m'a épilée à la pince. Poil après poil. Cela a pris plusieurs heures. Je me suis sentie aimée et acceptée...

– Moi, ce que j'aime, renchérit Hédonie, c'est lorsqu'il me masse. J'adore ça, et souvent je m'endors et il n'y a rien d'autre. Pas de sexe. Rien. Juste le massage, le sommeil et les rêves !

Elles rirent.

– Oui, mais l'orgasme dans tout cela ? osai-je.

– Vous êtes bien un homme, dit Julie, vous voulez tout de suite aller à la conclusion. Mais dès que l'on conclut, on finit les choses. Et après vous êtes tous les mêmes : on fume une cigarette et…

– On se retourne ! dit Ysé.

– Alors que c'est justement là que pour nous ça commence, continua Julie.

– C'est pour cela, dit Hédonie, que la masturbation est importante. Elle nous permet d'expérimenter une jouissance selon notre besoin et selon notre rythme. On a parfois besoin de retourner à soi sans qu'un homme nous guide. Moi, avant d'accepter l'importance de la masturbation, j'avais l'impression d'avoir mon sexe à côté de moi. Découvrir mon clitoris a été un bonheur fulgurant. Quand j'ai pu jouir seule et longtemps, j'ai pu découvrir mon essence de femme et l'offrir ensuite plus facilement.

– Moi, continua Mylène, c'est en découvrant les femmes que j'ai pu m'accepter. Je ne suis pas fondamentalement lesbienne, mais après avoir été violée, il me paraissait impossible d'accepter les mains d'un homme sur moi. J'ai pu, à travers le corps des femmes, retrouver mon propre corps et comprendre combien la femme est faite de courbes. Moi aussi, en me retrouvant, j'ai pu mieux accueillir l'autre.

Ysé me regarda. Je prenais des notes, j'écoutais. J'étais comme un enfant découvrant le monde !

Elle dit alors :

– C'est d'une sexualité sans enjeu que nous avons besoin, nous les femmes. Avec des jeux mais sans enjeu. Un endroit créatif où l'expression de soi peut être libre, où il n'y a pas d'obligation de résultat, vous comprenez ?

Je risquai un oui timide.

Lola reprit la parole :

– J'étais ce que l'on peut appeler une femme soumise. J'ai découvert la sexualité avec mon compagnon de l'époque, mais je n'ai jamais eu d'orgasme en huit années de vie commune. Il n'y avait que le plaisir de l'autre qui comptait. Je m'oubliais. J'avais peur de me montrer face à l'autre, j'avais peur d'être jugée. Vous ne pouvez pas vous imaginer, vous, les hommes, de quelle forêt obscure et profonde nous venons. Des siècles d'obscurantisme pendant lesquels on nous a dit que notre corps était impur, vil. C'est de cela qu'il faut se débarrasser pour vivre une sexualité pleine. Vous avez envie que l'on vous parle de nos orgasmes, mais pour cela il faut que vous appreniez à écouter le reste, tout ce qu'il y a autour de nous. Vous voyez l'orgasme comme une finalité, nous, nous le vivons comme un passage vers autre chose…

– Vers quoi ? demandai-je. Si vous ne me le dites pas je ne peux pas le savoir !

– Vous savez, dit Mylène, mon mari est très malade. Il a une sclérose en plaques. Vous vous doutez bien que les relations sexuelles sont peu fréquentes. J'ai longtemps été frustrée, en colère. Je me suis nourrie d'aventures intellectuelles fortes. Mais j'étais coupée de mes sensations. Quand j'ai fait, enfin, le deuil d'une relation physique satisfaisante, j'ai repris contact avec moi-même. Je suis actuellement en train de découvrir la masturbation. Vous vous rendez compte : j'ai cinquante-sept ans ! Je peux vous parler de mes orgasmes, mais mon ressenti sera forcément différent de celui de mes amies, car nous avons des histoires différentes. À un endroit nous sommes semblables, mais à d'autres nous sommes différentes !

– J'ai la certitude, affirma Julie, que ce nous recherchons, c'est le sacré. Pas le religieux, mais le sacré comme un retour à une vieille tradition animiste ou païenne où le sexe était un moyen de découvrir ce qui nous reliait profondément à la nature.

– Plus nous perdons le contact avec la nature, plus nous voyons le sexe comme une économie où il nous faut du rendement, du résultat, du tangible, dit Ysé.

Hédonie sortit un papier de sa poche.

– J'ai écrit un poème pour le sexe sacré. Je vais vous le lire :

« Ode Sacrée pour un sexe Sacré ! »
Mon temple du plaisir
Si longtemps j'ai cru te connaître
Que de leurres !
Que de peurs !
Aujourd'hui tu t'ouvres, je m'ouvre à toi, à nous !
Car je te reconnais mien
Temple du plaisir, Temple de mon plaisir
Fleur offerte à la femme que je suis, déesse de l'Amour
Tu oses enfin frémir sous l'ivresse des caresses, l'ivresse du désir
Ta source ne peut plus se tarir
Coule coule… petite fontaine…

Me revint tout de suite l'allusion de Bérengère au livre *Femmes qui courent avec les loups* et aux lignes saisies comme à l'improviste. La Femme Sauvage, la nature, le paganisme. Je commençais à entrevoir des pistes de réflexion.

Nous applaudîmes au poème.

Je ne savais pas encore combien le mot « temple » allait me faire frémir dès le lendemain.

– L'orgasme est une invention de l'homme, expliqua Mylène. Nous n'avons pas d'orgasme, nous, les femmes ! Nous avons de la Vie en nous, et nos tremblements ne sont que l'expression de cette Vie-là ! Vous ne pourrez jamais faire de nous des animaux de laboratoire que l'on observe et que l'on catalogue !

– Mais vous jouissez bien ! Vous venez de me le dire toutes les cinq !

– Non, monsieur Borda, rétorqua Ysé, et c'est cela qu'il vous faut comprendre. Nos jouissances ne sont pas des statistiques. Nos jouissances sont des hymnes, et tant que vous ne saisirez pas ce que nous entendons par « hymnes », vous ne pourrez pas comprendre ! Alors continuez, essayez encore, insistez et vous finirez par accéder à un savoir qui, j'en suis sûre, bouleversera votre vie !

J'étais venu pour poser des questions indiscrètes et je me retrouvais sans réponses, avec des mots poétiques dans la tête et d'étranges sensations. Et puis l'idée de tout arrêter s'empara de moi. Je voulus retourner dans mon cabinet et y retrouver la souffrance, la pathologie et les dysfonctionnements…

Mais face à ces cinq femmes qui me parlaient et me souriaient, je compris que j'avais encore un long chemin à effectuer, fait de rencontres et d'incertitudes.

Mais aussi, j'en étais sûr, de surprises et d'émerveillements.

Dès le lendemain, cette certitude intérieure devint réalité.

Le corps de la femme est un temple

… cet Olympe où l'on dit que les dieux, loin de toute secousse, ont leur siège éternel : ni les vents ne le battent, ni les pluies ne l'inondent ; là-haut, jamais de neige ; mais en tout temps l'éther, déployé sans nuages, couronne le sommet d'une blanche clarté ; c'est là-haut que les dieux passent dans le bonheur et la joie tous leurs jours…

HOMÈRE, *L'Odyssée,* chant VI

Après cette soirée à Valbonne et une nuit agitée à l'hôtel *Villa la Tour*, je décidai de me promener dans Nice avant de rejoindre Paris. Je marchais sous les arcades de la place Garibaldi lorsque j'entendis mon nom.

– Monsieur Borda ! Monsieur Borda !

Je me retournai de tous côtés. Une voix féminine que je ne connaissais pas m'appelait et je ne pouvais mettre de visage sur cette voix. Tout autour de moi, les gens passaient et repassaient.

– Ulysse ! Ulysse !

Cette fois-ci, c'est avec mon prénom que l'on m'interpellait !

J'osai un : « Qui est-ce ? » un peu piteux vu les circonstances !

– Retournez-vous, je suis là ! Juste sous la deuxième arcade !

Je suivis la consigne, me retournai, et je vis à dix mètres de moi une femme brune qui me dévisageait tout en souriant.

– Qui êtes-vous ? dis-je.

– Je vous connais mais sans vous connaître !

Cette femme était la représentation parfaite de la femme mystérieuse. Habillée de noir, pulpeuse, mutine… mais je ne me souvenais pas d'elle !

– Qu'est-ce que c'est que ce mystère ? hasardai-je.

– Vous vous rappelez cette soirée à Lille chez Bérengère ?

– Oui, bien sûr ! Ce fut un beau moment pour moi.

Elle me susurra à l'oreille :

– J'aurais dû être là, mais je n'ai pas pu venir ! Une obligation de dernière minute. Ysé m'a invitée hier au soir et là encore j'ai raté le coche ! Alors je me suis dit qu'il fallait peut-être vous rencontrer seule à seul ! Je m'appelle Océane !

Elle me tendit la main. Je la serrai et fus surpris de sentir une poigne vigoureuse et franche.

– Alors, toujours en quête du secret ?
– Euh ! oui…
– Je peux apporter un peu d'eau à votre moulin, si vous le désirez.
– Vous savez bien que je vais vous répondre oui !
– Alors venez, je vous emmène chez moi ! Je suis garée à deux pas d'ici, ma maison est sur les hauteurs de Nice ! Je voudrais vous parler du temple.
– Le temple ?
– Attendez que nous soyons arrivés ! Vous êtes bien un homme ! Toujours pressé !

Nous nous retrouvâmes au milieu des bois, près d'un feu crépitant.

Océane me parlait avec gentillesse et une certaine tendresse.

– Je ne veux pas remettre en question le travail que vous êtes en train de faire, mais si vous voulez saisir la richesse et la grandeur de votre démarche, il vous faut envisager toutes les facettes du mystère, du secret… Appelez cela comme vous le voulez… La tentative de compréhension est une qualité et un travers masculins. C'est bien, mais ce n'est pas suffisant. N'oubliez pas l'âme, le tremblement, l'indicible.

– J'ai cru saisir qu'il me fallait aussi intégrer cela, dis-je.

– Voilà qui est bien… Je voulais ajouter à votre connaissance la prise en compte du travail que j'effectue actuellement. Connaissez-vous le temple de Louqsor ?

– J'en ai entendu parler. C'est en Égypte.

– Bravo ! Au moins vous savez déjà cela. Ce temple a été commencé par Aménophis III au XIVe siècle avant Jésus-Christ et terminé par Ramsès II. Au-delà de la recherche historique, ce qui m'a captivée, ce sont les travaux de René Adolphe Schwaller de Lubicz…

– Qu'a-t-il découvert de si important ? Une nouvelle tombe ? Une pyramide cachée ?

– Rien de tout cela. Quelque chose de moins spectaculaire et de tout aussi important : l'influence du sacré dans l'architecture égyptienne. Il était passionné d'alchimie, d'ésotérisme. Il pensa avoir redécouvert un système de pensée mis en œuvre tout au long des siècles par un clergé puissant. Son œuvre maîtresse est *Le Temple dans l'Homme.* À partir d'une recherche méticuleuse fondée sur les nombres et la géométrie, il découvrit la superposition parfaite des proportions de l'homme à celles du temple, et notamment du temple de Louqsor.

Océane ouvrit plusieurs livres devant moi. Elle me montra des dessins, des graphismes complexes et me fit la démonstration d'un lien évident entre la construction du temple et le corps humain.

Tout me parut évident.

– Mais en quoi cela peut aider ma recherche ?

– Vous n'effectuez pas une recherche, monsieur Borda. C'est une quête. Et dans ce mot, il y a une dimension sacrée que vous ne pouvez pas mettre de côté.

– Je suis un scientifique, rétorquai-je.

– Je le sais. Mais la science et le sacré peuvent se côtoyer harmonieusement. Et si vous ne faites pas cet effort, vous ne ferez que reproduire ce qui existe déjà. Ce qui a déjà été dit. Sous une autre forme, certes plus personnelle, mais où est l'intérêt ?

Je bredouillai une réponse inaudible…

– Louqsor est le harem du dieu, le gynécée divin où, une fois par an, à l'époque du renouveau, Amon retrouve son épouse Mout, la déesse mère. Cette fête, appelée Opet, avait lieu au moment des plus basses eaux du Nil et annonçait la crue fertilisante. On sortait la statue du maître de l'univers du naos (le saint des saints) du grand temple de Karnak et on l'embarquait sur la barque sacrée avec un cérémonial propre à éblouir les foules. Trois autres barques suivaient hiérarchiquement la barque d'Amon : la première portait la statue de Mout ; la deuxième celle de Khonsou, leur fils ; la troisième le pharaon souverain, en chair et en os, promis à la déification. La procession remontait lentement le Nil jusqu'à hauteur du temple de Louqsor. Les statues étaient débarquées et tenues par les grands prêtres, puis déposées dans le sanctuaire. Les barques portées à dos d'hommes étaient garées chacune dans une chapelle particulière. Elles n'étaient reprises que dix jours plus tard. Dix jours pendant lesquels Amon et Mout fécondaient le monde. Pour preuve, les eaux du Nil commençaient à monter.

» Regardez : Amon est représenté comme un homme avec deux plumes d'autruche sur la tête, il est le dieu de l'Air et de la Fertilité. Mout est une femme coiffée de la double couronne, déesse vautour protectrice. Khonsou est un homme à tête de faucon, ou enfant, dieu lunaire, maître des génies et des malades.

L'histoire était belle, voire envoûtante, mais je ne voyais toujours pas le lien avec la sexualité féminine !

– Ce que je veux vous dire, monsieur Borda, c'est que le temple de Louqsor et le corps humain ne font qu'un et que cette histoire ancienne nous la vivons symboliquement dans nos propres corps réels !

– Et comment ?

– Si vous regardez le lien entre le temple et le corps, vous vous apercevez que l'on entre par les jambes, qui sont deux, et que l'on arrive au bassin. Les genoux sont le passage principal. Ainsi, le premier but de ce parcours est d'installer la royauté dans le bas du ventre. Ce qui est symbolisé par l'union fertile d'Amon et de Mout. C'est cela que nous portons en nous. Le basse *un* !

» C'est un début. C'est le noyau. C'est l'Initiation ! C'est le point de départ à partir duquel tout le reste se construit. Et dans le bassin, en son cœur même, il y a…

– Le sexe ?

– Oui, le sexe, et principalement le sexe de la femme, lieu de toutes les initiations. C'est pour cela que mes sœurs vous en ont parlé ainsi chez Bérengère, à Lille.

– Vous voulez dire que le sexe n'est pas tout ?

– Non, je veux dire que si vous comparez le corps humain, et surtout celui de la femme, à un temple, eh bien ! il y a une entrée sacrée, et celle-ci ne se trouve qu'en ouvrant les genoux, les jambes, pour accéder à la chambre suprême à partir de laquelle tout devient possible. Et dans cette chambre, dans le sexe féminin, le mystère est présent, omniprésent…

» Ensuite il faut monter, remonter le long du corps pour atteindre d'autres territoires ni meilleurs ni plus forts. Juste d'autres territoires pour saisir la totalité de ce que nous sommes.

» La sexualité est une barque entre deux rives. Elle avance d'étape en étape et, à chaque étape, on lâche prise, on oublie. Vivre la chambre sacrée, c'est comprendre que l'orgasme est une porte ouverte vers d'autres mondes. On peut ainsi changer la vision de son corps. On peut aussi changer le monde. Car notre plus grand lieu de connaissance, c'est le corps, cher monsieur, c'est le corps !

– Les hommes aussi pourraient dire cela ! En quoi le sexe de la femme est supérieur à celui de l'homme ?

– Il n'est pas supérieur, il est moins évident. Il est caché, profond, il ne se donne pas au regard. Même le clitoris est abrité sous son capuchon comme un moine qui se protège du vent.

» Et je pense que le sexe féminin est moins en attente du sexe masculin qu'on ne le pense. Il demande à être mieux connu, mieux appréhendé. Tout cela est sacré et je crois que c'est ce que vous n'arrivez pas à saisir.

– Je commence, je crois, à percevoir cela…

– Lorsque vous êtes allé chez Bérengère, on vous a obligé à rester silencieux. Je vous invite maintenant à continuer à garder le silence, mais avec les yeux ouverts.

Je ne saisissais pas où Océane voulait en venir.

Je me sentais troublé, dérangé.

– Restez ici, Ulysse, je reviens…

Océane sortit de la pièce où nous étions. Je restai avec mon verre de château-cheval-blanc à la main. Je le dégustais. Le breuvage, la pièce, l'atmosphère, tout respirait le sacré et le solennel.

Mais je n'avais encore rien vu !

Océane revint et me fit passer dans une autre pièce. C'était une chambre immense avec de nombreux tableaux au mur. Femmes dévêtues, paysages torturés battus par la tempête, louves aux regards d'acier…

Océane m'invita à m'asseoir près d'elle sur un fauteuil en velours carmin. Elle était à côté de moi et prit ma main dans la sienne.

– Tu te tais. Tu regardes. Arrête de penser le corps de la femme et commence à apprendre à le contempler, dit-elle.

Je m'aperçus qu'en face de nous une jeune femme était allongée. Elle était revêtue d'un drap qu'elle fit glisser au sol. Elle était nue. Elle ouvrit les jambes et nous présenta son sexe. Je vis les chairs humides et roses.

Océane alluma un immense chandelier. Elle revint s'asseoir, me reprit la main.

– Regarde, dit-elle, contemple. Voici l'entrée du Temple.

Considérations thérapeutiques sur la sexualité (« Les pensées d'Ulysse II »)

Analyste, je regarde l'autre en moi, non pas avec passion, avec désir.

Annie Anzieu

Je comprends ce que je viens d'entendre. J'ai saisi quelques pistes et je me demande où se situe ma place de thérapeute à présent que j'ai quitté mon navire professionnel. Avec, quand même, l'idée d'y revenir. Plus riche. Plus mature.

Depuis dix-huit années, mon travail consiste à écouter et à accompagner mes patientes et mes patients sur le long et parfois pénible chemin de la conquête de leur sexualité.

Conquête est un mot bien particulier. Et pourtant, c'est bien de cela qu'il s'agit : conquérir ses espaces conscients et inconscients afin de comprendre de quelles étoffes est constitué son univers de fantasmes, ce que veut dire la rencontre avec soi-même et l'autre dans ce tendre combat des corps que l'on nomme sexualité.

J'écoute. Je ne conseille pas.
J'accompagne. J'interviens peu.
J'essaie de me tenir à une place juste qui serait celle de l'accueil, de la confidence, du désir et du désarroi.

Cela n'est pas toujours simple, car entendre à longueur de journées parler de sexe et de pathologies sexuelles finit par donner une image du monde où tout se réduit à la recherche de la jouissance ou à l'impossibilité de l'obtenir !

Néanmoins, j'ai su garder le cap au fil des ans et j'ai acquis dans le milieu qui est le mien une réputation de sérieux et de compétence.

Je crois avoir su aider beaucoup de personnes, et mes « réussites » psychothérapeutiques sont, heureusement, plus nombreuses que mes échecs !

Mais ce constat est-il suffisant ? Car le risque, dans ce genre de métier, est de s'installer dans une routine de comportement, qui tourne très vite à une banalisation de la souffrance des autres et à une certaine indifférence. Comme une « posture » thérapeutique un peu hautaine, mâtinée de dédain et de suffisance.

Heureusement, la lecture de la vie de mes « maîtres » m'a permis constamment de m'apercevoir combien la remise en question est nécessaire et primordiale. Sigmund Freud et Wilhelm Reich n'ont pas eu des vies simples. Il leur a fallu batailler sans cesse pour faire reconnaître au monde le bien-fondé de leurs pensées. L'un est passé à la postérité, mais il est régulièrement décrié. L'autre a fini emprisonné, incompris et seul.

Ces exemples m'ont souvent aidé à ne pas m'installer dans un « fonctionnariat de la sexothérapie », à garder une certaine candeur et un certain esprit de recherche.

Car la grande question qui sous-tend mon activité est : qu'est-ce que la sexualité humaine ? Je n'ai jamais eu la prétention d'apporter une réponse qui serait définitive à cette interrogation, mais, en revanche, elle m'a taraudé, et les expressions si diversifiées, si personnelles des parcours, des besoins, des demandes de ma patientelle m'ont amené continuellement sur ce chemin.

À l'évidence, parler de sexualité, c'est parler de soi. Mais c'est aussi s'interroger sur son corps, son incarnation et sur la place donnée à l'Autre dans son univers intime.

C'est aussi s'interroger sur le rôle que joue le sexuel dans son écologie personnelle et dans sa dimension morale, donc politique.

L'univers sexuel est sans limites… et si on y ajoute la place du rêve, du fantasme, on ne fait que complexifier un univers déjà riche et fécond.

Si nous pouvions ramener la sexualité à un simple fonctionnement organique, les choses seraient simples. Nous désirerions pour faire l'amour et nous ferions l'amour pour chercher à jouir.

De cela tous les journaux parlent. Mais c'est une approche de la sexualité très réductrice qui fait de nous des êtres purement mécaniques. Et cette mécanique n'a de sens que dans l'accomplissement organique, inscrit comme une récompense, une plus-value.

Nos corps deviennent comme une représentation de notre univers économique libéral et capitaliste. Obtenir le maximum dans le minimum de temps et juger sa capacité à l'aune de règles et de baromètres universels.

Il faudrait alors jouir plus que le voisin. Fantasmer plus que son collègue de bureau. Avoir plus d'amants que sa meilleure copine.

Cela ne peut que nous mener à une impasse, car est exclue l'émotion liée fondamentalement à notre besoin de sexualité. Et cette émotion, qu'on le veuille ou non, est présente en nous et réclame des vibrations et des expériences que le seul regard organique ou hygiéniste posé sur nous-mêmes ne nous permet pas d'atteindre.

Il faut bien le dire, ce sont les femmes qui m'ont fait sortir des sentiers battus quant à la compréhension de ce qu'est la sexualité. Pourquoi elles ? Parce que les entendre, les accompagner fut toujours une épreuve de l'insaisissable.

Autant les hommes ne m'ont que très rarement surpris. Autant les femmes m'ont désarçonné, étonné, bouleversé.

C'est de cela que je veux témoigner ici, dans ce récit. De ce bouleversement.

Mais, aussi, de ce que je découvre dans ce qu'il convient d'appeler une aventure.

C'est par la sexualité féminine que je commence à mieux saisir ce que les hommes ne peuvent pas dire de la leur.

C'est par la sexualité féminine que j'approche d'une compréhension de ce qu'est notre place au monde.

C'est par la sexualité féminine que certaines énigmes deviennent des mystères.

Et le mystère est actif, moteur pour l'imagination et la poésie. Car lorsque la peau hésite, s'impose la poésie !

J'apporte donc ma pierre à l'édifice. Je pose quelques jalons. Mais, surtout, je retraduis ce que j'ai pu glaner comme paroles fortes et pertinentes. Ce que j'ai pu ressentir au travers de ces images vibrantes et soulevées de corps en désir et d'étoiles en naissance.

Alors, j'avance. Encore et en corps.
Vers l'Autre. Vers moi-même.

Gérard Leleu et *Le Traité des orgasmes*

Le plaisir n'est pas un « à-côté » de la vie c'est la condition de la survie.
L'espoir de jouir fait vivre, l'obtention du plaisir reconduit le contrat vital.
Sans lui l'existence humaine serait un long calvaire.

Gérard Leleu

J'étais sur le point de quitter Nice définitivement lorsque j'aperçus une affiche. Gérard Leleu donnait une conférence sur l'orgasme. Je ne pouvais pas rater cela.

Je retardai, une fois de plus, mon départ.

J'arrivai juste avant que ne débute la conférence. Il y avait déjà beaucoup de monde. Des femmes surtout. Elles étaient venues avec des amies ou en couple. Les quelques hommes qui étaient là, assis, en attente de ce qui allait se dire, semblaient calmes et sereins.

Un public « averti » en somme.

Je reconnus les Piments roses. Julie, Hédonie, Lola, Mylène et Ysé me firent un signe de la main.

Elles buvaient tranquillement des cocktails colorés.

Je m'assis dans un coin de la salle. Nous étions dans un salon d'hôtel. Le genre de lieu qu'on loue habituellement pour ce type de soirée. Impersonnel et cossu à la fois.

J'aperçus celui qui semblait être le conférencier. Il portait un pull bariolé. Un homme d'un certain âge dégageant une grande confiance en lui.

La conférence commença. Gérard Leleu parla de ses précédents livres sur le clitoris et les caresses. Il fit l'apologie de la femme de manière naturelle, sans ostentation.

Dans la salle, les hommes ne réagissaient pas. Ils ne semblaient pas agressés par cette parole qui donnait à la femme une place centrale et secrète dans la sexualité humaine.

Il parla du sexe de la femme comme du « palais des dames » et utilisa d'autres jolies métaphores comme « la vallée des merveilles », « la rosée du bonheur » ou « la symphonie vaginale ».

Je dressai l'oreille lorsqu'il évoqua Sigmund Freud.

– Grâce à Freud, dit Gérard Leleu, le clitoris est devenu un sujet d'intérêt en Occident. Et cela est paradoxal puisqu'il l'a décrit comme un organe vestigial.

» Eh oui ! Freud pensait qu'il s'agissait d'un reste non évolué d'un tissu présent chez l'embryon, comme le thymus. Il était facile, dès lors, de qualifier le plaisir clitoridien d'inférieur, voire de névrosé. Celle qui jouit de son clitoris doit transférer son plaisir sur son vagin et prendre goût au coït.

» Mais tout cela est faux ! Freud s'est trompé ! Oui, il existe un bourgeon sexuel qui engendre les corps érectiles, les tissus vasculaires où se produit la turgescence sanguine déterminant l'érection. Mais le devenir de ce bourgeon est aussi important chez la femme que chez l'homme !

» À l'extérieur, c'est le pénis. À l'intérieur, chez la femme, les corps érectiles se déploient en formant un complexe érectile invisible, mais dont le volume dépasse celui de la verge. Ainsi, la femme a des érections internes ! Et le clitoris est le valeureux représentant de ce vaste complexe voluptueux !

Après cette descente en flèche de mon maître Sigmund et l'éloge bienvenu du clitoris, Gérard Leleu commença à expliquer la fonction multi-orgasmique de la femme.

Je savais combien une femme peut être sujette à des orgasmes fréquents et à la suite, mais le monde orgasmique que décrivit Gérard Leleu était beaucoup plus vaste.

Il donnait à voir une géographie particulièrement précise, avec des continents, des îles, des lieux encore inexplorés.

Il parla du point G (ça, je connaissais !), mais aussi du point K et T, mais aussi de la transformation de l'utérus en montgolfière, de l'orgasme de l'urètre, de celui de l'anus, et d'autres points encore : A, C, P…

Il parla de la nécessité pour une femme d'aimer son corps, d'en prendre soin…

Il parla… et déjà je ne l'écoutais plus !

J'avais l'impression qu'un diablotin venait d'ouvrir une immense boîte de Pandore. Je regardai autour de moi. Quelqu'un va bien se lever, me dis-je, et ordonner que l'on arrête ce discours.

Trop d'informations m'envahissaient d'un coup. J'avais horriblement chaud.

Je repensais à mes réflexions sur les cinq sexualités et je devinais qu'il devait y en avoir beaucoup plus, que ce que nous disait Gérard Leleu, c'était combien l'organisation sexuelle de la femme était un univers vaste à l'intérieur duquel tout n'avait pas encore été découvert !

J'étais parti de mon cabinet à cause du trouble ressenti en écoutant Pascale et j'étais là, à Nice, dans un grand hôtel, en train de découvrir un monde inimaginable quelques semaines avant !

N'importe qui, en lisant ces lignes, pourrait penser que j'étais en état d'excitation sexuelle. Pas du tout ! J'étais apeuré et émerveillé ! L'expérience vécue avec Bérengère, Océane, Ysé, Annelolotte trouvait ici un autre point de départ.

La route s'ouvrait.

Ce n'est plus de comprendre que j'avais besoin, mais de ressentir et d'explorer. Non pas en tant qu'acteur, mais en tant que témoin.

J'étais comme un chercheur d'or qui trouve ce qu'il recherche et qui s'aperçoit que quelque chose de beaucoup plus fructueux s'offre à lui… sans savoir ce que cela peut être !

Après la conférence, Ysé s'approcha de moi :

– Bonsoir, Ulysse… Voulez-vous dîner avec Gérard et nous ?

Je répondis « oui ». J'avais le désir de m'entretenir avec lui et d'en savoir plus sur ce qu'il venait d'évoquer si brillamment.

Je m'assis près de lui.

Je lui parlai de mon trouble. Il sourit.

– C'est bien que vous soyez troublé. La plupart du temps, les hommes sont plutôt moqueurs ou incrédules. Ysé m'a parlé de votre recherche. C'est quoi, au juste, le sujet de votre étude ?

– Je n'en ai pas vraiment, dis-je. Je veux comprendre le plaisir féminin. Ou plutôt je voulais comprendre. Je ne sais plus très bien si le mot *comprendre* est juste.

– Vous diriez quoi, alors ?

– Ressentir. Témoigner.

– Votre sexualité ne vous permet pas cela ?

Je détournai la question.

– Je suis sexothérapeute et je crois qu'il me faut sortir des sentiers battus et de ce que j'ai pu apprendre, de ce qui me semble de plus en plus caduc. Quand vous parlez de tous ces points de plaisir, j'ai l'impression de débarquer. On ne m'a pas parlé de tout cela sur les bancs de l'université !

– Et pourquoi vous en aurait-on parlé ? On vous a formé à comprendre les pathologies, pas le bon fonctionnement d'une sexualité équilibrée !

Il dit cela avec un regard malicieux.

Il avait raison, et c'est justement à cela que j'essayais d'échapper, à cette manière de placer la sexualité humaine, et à plus forte raison celle des femmes, dans des carcans réglementés.

Je lui fis part de mon enthousiasme et de l'idée de territoires inconnus.

– Attention ! nous ne sommes pas des colonisateurs, dit-il. Je ne fais qu'indiquer ce que le corps de la femme contient comme possibilités. Vous parlez de territoires inconnus. Le terme est joli et il renvoie au fameux « continent noir » de notre cher Sigmund Freud. Mais la problématique n'est pas là. Il nous faut repenser notre corps, aussi bien les femmes que les hommes, et repenser la fonction du plaisir. Et cela est le travail qui nous attend dans les années à venir…

Il fallut que je laisse la place à d'autres discussions, d'autres échanges.

J'achetai plusieurs de ses livres en supposant retrouver tranquillement les chemins dessinés par ses paroles.

Il me fit une dédicace parlant de moi comme d'un confrère et d'un frère.

Je quittai le lieu non sans avoir salué Ysé et les autres.

Le lendemain, je pris l'avion très tôt. Je m'assis et j'ouvris un des livres de Gérard Leleu, au hasard…

Je lus :

Aujourd'hui, l'intimité de la femme conserve pour la science autant de mystères que la surface de Vénus. Heureusement les adorateurs de la femme, par intuition et par amour, savent déchiffrer les cartes incomplètes avec l'aide de leur aimée.

Je souris.

Je fermai les yeux afin de continuer ma nuit encore une petite heure durant.

Les Guerriers de la virilité

Voilà tout ce que j'avais à vous dire touchant la féminité. Si vous voulez apprendre davantage sur la féminité, adressez-vous aux poètes ou bien attendez que la science soit en état de vous donner des renseignements plus approfondis et plus coordonnés.

SIGMUND FREUD, lettre à Marie Bonaparte, 1925

Revenu à Paris, j'eus envie de faire un point sur mon périple. Qu'avais-je vraiment découvert ?

Lorsque les émotions vécues sur le moment s'estompent, il ne nous reste que l'écheveau du souvenir. Et mes souvenirs étaient des sensations fortes mais éparses. Profondes mais peu définissables.

J'avais saisi qu'il me fallait quitter la volonté de comprendre et que vouloir tout mettre en cartes était une solution vaine. Surtout concernant le plaisir féminin, qui m'apparaissait de plus en plus multiforme.

Le mystère dont parlait Gérard Leleu, et qui venait en écho aux considérations d'autres auteurs, ne faisait que s'épaissir au fur et à mesure que j'avançais dans ma quête.

Mais j'avais la nette impression qu'il y avait quelque chose d'inédit à trouver, comme une terre inconnue.

Présomption énorme, certes, mais sensation parfaitement réelle.

J'avais pris le parti de me laisser guider en me disant que c'était là une attitude « féminine », c'est-à-dire celle qui ne cherche pas à tout prévoir à l'avance, mais à accepter l'instant présent, la surprise, l'inattendu.

Chaque pas fait dans ma croisière particulière me confirmait le bien-fondé de cette option.

Je me rendis compte que, même si les femmes étaient nombreuses sur ce chemin – et cela se justifiait amplement ! –, la parole des hommes devenait parfois une nécessité.

Gaël, Gérard Leleu et Alki Nioos avaient été de précieux aides.

Je voulus, de nouveau, saisir des paroles d'hommes. J'avais entendu parler d'un groupe d'hommes auquel avait participé l'un de mes amis psychanalystes. Je pris contact avec celui-ci et il me donna d'emblée les coordonnées de Paul Hyphème. Paul dirigeait un groupe de rencontres et d'échanges qui s'appelait Les Guerriers de la virilité.

Il fut convenu d'un rendez-vous avec Paul et cinq autres hommes afin de deviser « en toute franchise » de leur rapport à la sexualité féminine.

Nous nous retrouvâmes un soir à Paris dans un café, place de la Bastille.

Paul me présenta.

Dans mon fantasme précédant cette réunion, j'avais imaginé avoir à gérer une certaine hostilité. Pas du tout ; Patrick, Michel, Yann, Pascal et Manuel m'accueillirent avec un grand enthousiasme.

– Depuis le temps qu'on voulait parler de ça avec un vrai spécialiste !

– C'est vrai… quand on est entre nous, on parle de boulot, de stress, éventuellement de nos pénis et de notre rapport difficile aux femmes, mais de ce que sont les femmes, ça non ! Ça ne fait pas partie de nos petites discussions entre amis !

– Que voulez-vous savoir exactement ? me demanda Paul.

– C'est quoi une femme qui jouit pour vous ?

– Ah ! Oui ! On entre dans le vif du sujet avant même d'avoir commandé une bière !

– Allez ! je me lance, dit Patrick. Pour moi, c'est différent quand je suis sûr qu'elle jouit grâce à moi que quand elle le fait seule…

– Comment ça ! s'exclama Michel. Une femme ne peut jouir que grâce à l'homme ! Sinon à quoi on sert, nous ?

– Je voulais dire, reprit Patrick, que, moi, je peux accepter que ma partenaire se caresse pendant une relation sexuelle, mais je reste spectateur, je n'éprouve pas grand-chose. Quand c'est grâce à moi, je suis plus ému, c'est tout !

– Parce que nous avons l'impression, dans ces moments-là, ajouta Yann, que notre bite sert à quelque chose de grand !

– Nous devenons des héros, dit en souriant Manuel.

Je repris la parole :

– Je vous parle de la femme, et vous me parlez de vous ! N'est-ce pas notre problème à nous, les hommes ? Est-ce que nous ne voyons pas toujours le monde à partir de nous ?

– Monsieur est philosophe, se moqua Paul.

– En fait, ce que nous voulons dire, intervint intempestivement Pascal, c'est qu'il nous est impossible à nous, hommes, de parler des femmes à partir d'elles. Nous ne pouvons parler que d'une connaissance subjective de la femme. Elle reste et restera toujours une énigme…

– Vous le savez, dit Paul en me regardant droit dans les yeux, chez nous, tout se voit ! Notre sexe se développe vers l'extérieur, nos éjaculations sont visibles, notre nez rallonge lorsque nous mentons…

– Au moins, nous, on sait quand on jouit !!!

– Vous en tirez quoi comme conclusion ? demandai-je.

– Il n'y a pas de conclusion, répondit Michel. C'est juste que les hommes et les femmes sont deux univers différents.

– Mars et Vénus, dirent les autres en soulevant leur verre.

Michel continua :

– J'aimerais pouvoir mieux saisir l'univers des femmes, mais pour quoi faire ? Moi, ce qui m'intéresse, c'est d'être un homme, un vrai. C'est pour cela que je viens aux réunions organisées par Paul. Pour apprendre à affirmer ma virilité. Si, en plus de ce travail gigantesque, il faut que je comprenne pourquoi une femme jouit ou ne jouit pas !

– Mais ça a l'air de vous tracasser, vous, dit Paul en s'adressant à moi.

– Je ne suis pas tracassé. En tant que psychothérapeute, je tente de saisir notre fonctionnement psychique humain. Celui de l'homme comme celui de la femme, c'est tout !

– Vous savez, on a fait des progrès ! On accepte qu'il y ait une différence ! Il y a un siècle, on n'aurait pas parlé comme ça ! On aurait discuté du Paris Saint-Germain, et c'est basta !

– Le Paris Saint-Germain n'existait pas il y a un siècle, murmurai-je.

– Le Paris Saint-Germain est éternel, affirma Patrick.

– On plaisante, dit Paul.

– Je sais, répondis-je.

Nous discutâmes ensuite de nombreux sujets : la politique, la paternité, l'économie…

C'est Manuel qui revint sur le sujet de la jouissance féminine.

– Quand même, dit-il, je suis étonné de la capacité de jouissance des femmes. Je sais, théoriquement, qu'elles peuvent avoir plusieurs orgasmes à la suite. Ça ne se produit pas tout le temps, mais quand ça arrive, c'est monstrueux…

– Qu'entendez-vous par « monstrueux » ? lui demandai-je.

– Ça dépasse l'entendement. J'ai eu une partenaire qui était une folle de sexe et j'avais l'impression que ça ne s'arrêtait jamais ! C'est monstrueux parce que ça fait peur ! Ça dépasse l'entendement…

– Moi, je trouve cela fascinant, dit Pascal. Vraiment fascinant. Si c'est cela le sujet de vos recherches, je veux bien vous accompagner.

– Vous voyez, dit Paul, on en revient toujours au mystère !

– Nous, les hommes, reprit Patrick, on a été éduqués dans l'idée que nous avions naturellement le pouvoir. C'est difficile d'accepter de le partager. On peut comprendre, accepter, mais c'est un effort, ce n'est pas naturel. C'est pour cela que nous avons besoin de nous retrouver. Pour inventer une autre masculinité. Loin des sentiers battus…

– On rigole, on fait un peu les machos, mais on a une énorme sensibilité et on ne sait pas comment la montrer sans apparaître vulnérables.

C'est Michel qui parlait. Il continua :

– Et dans notre groupe, nous sommes tous hétérosexuels ; être un homme sensible, ce n'est pas être homosexuel. C'est trop facile de penser cela. D'ailleurs ce n'est pas très respectueux pour les homos.

– La sexualité féminine, c'est un truc auquel on participe mais c'est aussi un monde qui peut exister sans nous, dit Paul. On sent bien qu'elles ont une autonomie et qu'elles la revendiquent. Elles ont raison, vu ce qu'on leur a fait subir. Mais, nous, il faut bien nous laisser un espace pour repenser notre place. On perd des certitudes, et c'est bien, mais ce n'est pas pour cela qu'on gagne en confiance.

Patrick acquiesça :

– C'est pour des formules comme celles-là que Paul est le chef !

Pascal reprit la parole :

– Quoi qu'on fasse, on n'enlèvera jamais les différences. Les femmes sont les femmes et les hommes sont les hommes !

– C'est la parole du siècle, s'esclaffa Patrick.

– Mais oui, j'ai raison, même si je le dis avec des formules idiotes ! J'ai lu l'espèce de bouquin ridicule sur les hommes de Mars et les femmes de Vénus. Ça ne m'a aidé en rien, si ce n'est à croire que tous nos fonctionnements sont codifiés et inamovibles. C'est d'une tristesse !

– On a envie d'un changement, dit Paul, et nous nous retrouvons entre hommes pour cela. Nous sommes des guerriers parce qu'il nous faut retrouver cette force virile qui nous échappe. Non pas pour battre nos femmes, mais pour nous sentir hommes dans notre essence même ! C'est comme la bombe atomique ! Depuis qu'elle existe, il y a moins de guerres !

– Vous êtes sûr ? Risquai-je. Il y a quand même eu Hiroshima et Nagasaki !

– Oui, ce sont les Américains ! Ce n'est pas pareil ! Eux, ils ne savent jamais ce qu'ils font !

Et tout le monde de rire…

Encore écarlate d'avoir trop ri, Michel dit :

– Vous êtes un homme. Vous devez savoir que notre force, c'est notre pénis. Nous voulons l'offrir, le tendre vers l'autre, mais aussi le garder ! Parfois j'ai l'impression que les femmes cherchent à nous le subtiliser. Regardez la folie des sex-toys ! C'est incroyable !

» C'est exactement ce que racontait ce vieux film de Ferreri. Comment s'appelait-il, déjà ?

– *La Dernière Femme*, proposa Patrick.

– Oui, c'est cela ! Eh bien, il se la coupe à la fin et il lui offre ! Je ne veux pas en arriver à ces extrémités ! Même si le film est symbolique, moi, ça me fait froid dans le dos !

Je n'insistai pas, sur le moment, sur l'aspect double sens des mots « extrémité » et « froid dans le dos ». Je ne voulais pas trop faire le psy au cœur de cette réunion typiquement masculine.

– Allons, dit Yann, tout cela est un peu caricatural et impulsif. Moi, je pense que nous sommes les héritiers d'un système qui est en train de mourir et nous essayons de le maintenir en vie, tout en devinant que c'est impossible. Voilà ce dans quoi on est. Alors, on essaye de rester des hommes tout en cherchant à comprendre les femmes. Mais, comme elles, de leur côté, elles ont besoin de continuer à changer, il devient très difficile de se rencontrer vraiment ! Nous sommes une génération sacrifiée !

– Bon, allez ! moi, je sors fumer une cigarette, dit Paul Hyphème.

Après avoir payé les consommations, nous nous retrouvâmes sur le trottoir à continuer de discuter. Chacun alluma sa cigarette. J'avais arrêté de fumer depuis peu, et il me fut difficile de refuser les cigarettes qui se tendaient vers moi comme de petits bras. Mais je tins bon. Très vite le sujet des femmes redevint secondaire. Chacun commença à parler de ce qu'il avait à faire, de ses obligations paternelles et professionnelles. Cela sentait la fin de réunion.

Ils partirent les uns après les autres.

Paul resta le dernier.

– J'espère que cette discussion aura été utile pour votre travail, dit-il en écrasant son mégot. À bientôt l'ami…

Je restai seul. Je regardai le cadavre des six clopes au sol.

Je me mis en marche vers ma voiture.

Brigitte Lahaie et la « part d'ombre »

Quand l'amour est là, nous n'avons besoin ni de morale ni de devoir.

André Comte-Sponville

J'étais dans ma voiture lorsque j'entendis une rediffusion d'une émission de Brigitte Lahaie sur la sexualité. Je fus agréablement étonné d'entendre des échanges simples, profonds et directs sur le sujet de la masturbation sur une radio nationale.

Je me renseignai sur l'émission *Lahaie, l'amour et vous* et je fus stupéfait de voir le nombre d'auditeurs et l'importance du travail de Brigitte Lahaie dans le paysage sexuel français.

Je me dis immédiatement qu'il me fallait la rencontrer et pouvoir parler avec elle.

Le contact fut aisé. J'appelai RMC et j'eus Ariane, la productrice de l'émission, au téléphone. Je lui fis part de ma requête. Elle me rappela deux jours plus tard.

– Brigitte est d'accord. Venez après-demain vers 16 h 30 après l'émission.

J'arrivai dans les locaux de la radio et je vis apparaître Brigitte Lahaie. Elle vint vers moi, simple et tranquille. Elle était aussi belle que « The Peacocks » interprété par Bill Evans dans *You Must Believe in Spring.*

Elle s'assit en face de moi dans un des salons privés mis à disposition des animateurs.

– Ici nous serons tranquilles. Alors vous êtes comme tous les sexologues ! Vient le moment où vous avez besoin de retourner aux sources !

– Oui, répondis-je. Et les sources ne sont pas les bancs de la faculté.

– Ça, je veux bien le comprendre !

– J'ai écouté votre émission. Je dois vous avouer que je ne l'avais pas fait avant.

Je lui lançai un regard scrutateur. Elle ne quittait pas ce sourire attentif et bienveillant.

Je continuai :

– Et j'ai été surpris de ce ton libre et en même temps sérieux qui est le vôtre… Comment en êtes-vous arrivée là ?

– Vous savez, j'ai toujours cru en ma bonne étoile. Faire de la radio était un vœu datant de quelques années, et lorsque RMC m'a contactée en juillet 2001, j'ai tout de suite su que mon désir allait être exaucé ! Quelques jours plus tard, j'étais à l'antenne ! Certes les débuts ont été un peu « surveillés ». Par exemple, nous n'étions pas en direct, et je me souviens qu'un jour il a fallu réenregistrer tout un module car je parlais de sodomie, et à l'époque c'était tabou. En fait, la ligne directrice de l'antenne était claire : du médical et la sexualité du couple. Heureusement, très vite j'ai pu faire l'émission qui me tenait à cœur grâce au succès quasi immédiat. C'est sans doute pour cela que j'aime autant mes auditeurs !

– Vous aimez vos auditeurs ?

– C'est une façon de parler, bien sûr ! Je les aime, car sans eux je ne pourrais pas vivre cette expérience exceptionnelle. RMC voulait une émission sur la sexualité, mais je savais que si l'on abordait uniquement la sexualité sur le plan organique, nous en ferions assez vite le tour. Il me semblait important d'y introduire la dimension psychique, indissociable dans la sexualité humaine. D'ailleurs, aujourd'hui l'émission s'appelle *Lahaie, l'amour*. Or, l'amour, c'est plutôt de l'affect, non ?

– Oui, vous avez parfaitement raison. D'ailleurs c'est ce que je rencontre dans mon voyage actuel. Un mélange de sentiments, de corps, d'émotions, d'imaginaire…

– Arrêtez la liste, mon cher. Vous rencontrez de l'humain, et c'est cela qui est important ! Vous semblez étonné parce que vous quittez la sphère protégée de votre cabinet et que, dans la vraie vie, vous n'avez plus le pouvoir. Vous êtes au contact, et là il se passe autre chose !

– Oui, mais je ne sais pas ce qui se passe vraiment !

– Votre recherche vous ressemble. C'est après vous que vous courez et ce n'est que vous-même que vous finirez par rencontrer. Mais différent, modifié. Mon émission me ressemble, elle est la synthèse de ce que je suis. Un peu de sexe, beaucoup d'amour et quelques notes de spiritualité.

– Pourtant, si je puis me permettre…

– Permettez-vous ! (Et toujours ce sourire…)

– … vous n'êtes pas connue pour votre goût de l'amour, mais plutôt du sexe.

– À cinquante-deux ans, on a déjà un aperçu de ce que l'on a fait de sa vie.

» J'aime beaucoup cette phrase bouddhiste qui dit : “ Pour comprendre où tu es, regarde ton passé ; pour savoir où tu vas, regarde ton présent. ” Eh bien, oui, j'ai osé vivre sexuellement tout ce qui m'attirait, voire plus d'ailleurs, car j'ai souvent fait l'amour pour faire plaisir ! Donc à présent je suis en paix avec mes zones d'ombre et mes démons. Je vois mon avenir très sereinement, car c'est souvent cette “ part d'ombre ” qui fout le bordel dans notre vie ! Où est votre “ part d'ombre ”, monsieur Borda ?

– J'ai fait huit ans de psychanalyse, vous savez !

– Et vous avez parfaitement pu saisir cette obscurité tout au fond de vous ?

– Je crois, oui…

– Si je puis me permettre… (Sourire toujours !)

– Permettez-vous, répondis-je.

– ... j'ai l'impression que vous n'avez abordé cela que théoriquement, même si cela vous a fait un peu mal. Les quelques larmes que vous avez laissées sur le divan ne sont rien face à la confrontation réelle avec la dimension cachée de vous-même. Peut-être que ce chemin que vous menez et qui passe par moi est un moyen d'aller à cet endroit-là. En m'écoutant parler de mon ombre, vous vous permettez d'activer la vôtre. Je suppose qu'avant de me rencontrer vous avez regardé certains de mes films anciens.

– Je n'ai pas osé.

– Mais vous y avez pensé ?

– Oui, je dois l'avouer !

– Contemplez votre ombre ! Laissez-moi la mienne. Vous avez commencé ce travail, continuez-le. Vous pouvez même le faire avec tranquillité. Vous n'en mourrez pas ! Vous voulez savoir des choses inédites sur le plaisir des femmes, eh bien je dois vous dire que personnellement je n'ai pas appris grand-chose pendant toutes ces années de radio ! Je n'aime pas les stéréotypes du genre :

« Les femmes ont besoin d'amour pour aller vers le sexe et les hommes ont besoin de sexe pour aimer. » Je crois qu'il y a aussi des femmes très « sexe », certes, moins que les hommes, mais elles existent et elles témoignent sur leur frustration parce que leurs partenaires n'ont pas assez envie de faire l'amour ! Je constate néanmoins que les femmes se libèrent vraiment, même s'il en reste beaucoup, même jeunes, qui sont passives, voire soumises.

» Ce que j'aime dans votre démarche, et c'est pour cela que j'ai accepté de vous rencontrer, c'est que vous vous intéressez sérieusement à la sexualité féminine. Mais il faut aider les femmes à s'y intéresser aussi ! Trop de femmes ne savent toujours pas distinguer reproduction et plaisir. Je n'ai pas eu d'enfants, mais si j'avais eu une fille, je lui aurais appris à comprendre son corps comme un objet de plaisir. Trop de femmes ignorent même comment se dessine leur sexe. Si la femme connaît son corps, aime son vagin, alors elle a toutes les chances de connaître l'orgasme !

– J'ai rencontré des femmes qui savent aimer leur vagin ou qui apprennent à le faire.

– Dans votre cabinet de consultation ?

– Non, bien sûr, en dehors !

– Vous voyez qu'il est important d'aller vous frotter au grand monde ! À la meute ! Et même en faisant cela, ce n'est pas simple, n'est-ce pas ?

J'acquiesçai.

– La sexualité féminine est souterraine, introvertie. Nous avons besoin d'aller vers nous-mêmes. Lorsqu'un homme a un désir, même fugace, sa verge le lui fait sentir. Pour nous, c'est plus complexe, et nous passons souvent à côté d'un désir simple sans même nous en rendre compte. Il faut un véritable feu d'artifice pour nous rendre compte que nous avons du désir si nous ne sommes pas éveillées ! Je suis parfois surprise par les réactions des auditeurs, car tant les hommes que les femmes m'ont parlé de la féminité d'une manière extérieure. Comme s'il suffisait de porter des jupes pour être femme. Pour moi, la féminité est plus intérieure. Certes, je n'aime pas spécialement l'idée que la femme serait plutôt en relation avec l'être tandis que l'homme, lui, serait en relation avec l'avoir.

» Être une femme, c'est tout d'abord une réalité anatomique et c'est bien sûr par nos organes sexuels que notre différence se manifeste. C'est sans nul doute pour cela que la définition de la féminité est si compliquée pour la plupart d'entre nous.

» J'ai entendu des femmes revendiquer avec véhémence leur capacité à tout assumer, d'autres témoigner à quel point elles étaient mères et d'autres encore montrer leur sensibilité, voire leur fragilité.

» Et si tout simplement être femme, c'était avoir un vagin et en être contente ?

» Si être femme, c'était avoir du plaisir grâce à ce sexe encore trop souvent considéré comme mystérieux par les hommes, mais également par les femmes elles-mêmes ?

» Et si être femme, c'était avoir envie d'être pénétrée par un pénis ?

» Pouvoir se blottir de temps en temps dans les bras d'un homme, sentir sa force et se sentir rassurée ?

» Et si être femme, c'était aimer son corps avec ses rondeurs, ses douceurs ?

» Mais les hommes peuvent-ils comprendre cela ?

– J'ai parlé avec des hommes l'autre jour et, effectivement, les choses semblent complexes pour qu'il puisse y avoir espoir de rencontre et d'un vrai changement relationnel.

– Soyons patients. Les choses avancent ! Il nous faut apprendre à être plus égoïstes et plus hédonistes. Il nous faut sortir de la simple pulsion soudaine, surtout les hommes !

Elle se mit à rire.

– C'est le chemin de l'amour ?

– On peut tout à fait vivre un moment de sexe très fort avec un inconnu, éprouver un plaisir intense, avoir un orgasme phénoménal, et pourtant il n'y a pas eu véritablement amour…

Elle suspendit un moment sa respiration. Je cherchai une question qui ne vint pas.

– … quoique…

Nouveau silence. Nouvelle suspension. La pluie se mit à glisser langoureusement le long des grandes baies vitrées donnant sur l'avenue Oradour-sur-Glane.

– … dans chaque relation d'amour, même fugace, il y a un peu d'amour. Tout comme dans toute relation d'amour, même platonique, il y a toujours un courant libidinal plus ou moins conscient.

» La sexualité, les hommes, les femmes… tout cela est empli de paradoxes ! Il y a pour moi autant de femmes garces, salopes, manipulatrices que d'hommes violents, machos, pervers. L'avenir devrait appartenir aux personnes qui ont su faire la paix avec elles-mêmes. Aux personnes qui s'acceptent et qui s'aiment, aux personnes qui connaissent leur " part d'ombre ". Je vois de nombreuses femmes aujourd'hui qui, justement parce que l'avenir leur appartient, comme disait Aragon, excluent aussi bien le père que l'amant ou le mari.

– En vous écoutant, j'ai l'impression de sentir ma démarche se clarifier. C'est, sans doute, une réflexion sur la sexualité de demain que je mène !

– Monsieur Borda ! Soyez honnête ! C'est vous-même que vous recherchez ! Vous êtes tous les mêmes, les psys ! Cordonniers mal chaussés ! Depuis cinq mille ans, la sexualité humaine n'a pas tant évolué que cela. Nous aurons toujours envie de nous embrasser, de nous enlacer, de nous pénétrer. Pour moi, la seule évolution importante, c'est la contraception, qui permet réellement de séparer reproduction et plaisir.

» Regardez notre monde ! Ouvrez les yeux ! L'amour et la haine sont deux sœurs jumelles. Pour faire triompher l'amour, il faut libérer le sexe. Et il y a encore beaucoup de travail !

» Continuez, allez-y ! Continuez ! Vous n'êtes pas au bout de vos découvertes !

– Mais où aller pour cela ?

– Déjà, une chose que je vous propose…

– Oui ?

Elle réfléchit.

– Je vais annoncer à l'antenne que vous recherchez des témoignages. Nous donnerons vos coordonnées, et ensuite vous ferez ce que vous voudrez. Cela vous convient ?

– C'est plus que cela… Je n'en attendais pas tant ! Je vous…

– Ne me remerciez pas. Nous verrons cela plus tard autour d'un verre de cristal-roederer !!!

Elle continua :

– Un conseil, monsieur Borda : prenez des chemins de traverse ! Vous voulez connaître le mystère du plaisir féminin ? Vous avez rencontré et interrogé des femmes, des hommes… Bien ! Et si vous alliez en parler avec un homosexuel, ce ne serait pas intéressant de saisir ce qu'il peut vous apporter ?

Je restai perplexe.

Elle se leva.

Elle reprit le livre qu'elle avait avec elle. Je n'avais pas fait attention à sa présence.

Elle me dit au revoir.

Elle lisait *Lettres à un jeune poète* de Rainer Maria Rilke.

Aveux de femmes

Arrête ton croiseur : viens écouter nos voix !

HOMÈRE, *L'Odyssée,* chant XII

Après l'émission de Brigitte Lahaie, ce fut la profusion épistolaire. Chaque jour, des dizaines de lettres me parvenaient. Les femmes chantaient louanges de leurs orgasmes, de leur sexe. Elles parlaient aussi des hommes et de leurs difficultés à les comprendre.

Il y avait aussi de nombreux poèmes, des dessins… Chaque fois, les émotions jaillissaient des missives et s'inscrivaient en moi : joie, regrets, besoin d'amour, preuves d'amour, chagrin d'amour, souci d'amour, jouissance, profusion, assèchement, cris, revendications… tout cela était à la fois solaire et sombre.

Je finis par me retrouver dépositaire de la parole d'environ quatre cents femmes. Et je commençais à me sentir investi d'une mission : apprendre à dire l'autre avec ses mots au cœur des miens. Témoigner et envisager. Secouer mes évidences. Continuer ma démarche vers l'affirmation des soleils entrevus dans ces lettres.

Un soir où je rentrais d'une réunion, une idée étrange prit forme. Je décidai de la mettre en pratique.

Je réunis toutes les lettres reçues et en fis un tapis de mots sur le sol de mon salon. Je m'allongeai au centre même de ces paroles intimes.

Les phrases tournaient dans mon dos, glissant leur syntaxe le long de ma colonne vertébrale, décrivant un parcours singulier autour de mon corps. Une danse grammaticale, un afflux de signifiés cherchant le grand signifiant au centre même de ma poitrine !

Une montée d'énergie, une inspiration continue, le souffle est retenu, permettant ainsi à une boule d'énergie de se constituer dans mon bas ventre. L'énergie s'empile, s'empile, s'amplifie pour être finalement lâchée, et se répand… comme un « lâcher de barrage ».

… Que c'est avant tout dans la tête que ça se passe ; que, non, la taille n'est pas le plus important ; qu'il faut qu'ils arrêtent de penser que si un jour ils ne bandent pas, c'est la fin du monde ou que si un

jour on ne jouit pas, ça veut forcément dire que c'était raté ou qu'on ne les aime plus. Que parfois, nous-mêmes, on ne sait pas pourquoi on a du désir ou on n'en a pas, que cela ne dépend pas forcément d'eux, mais de la journée, du stress, des enfants, de l'inconscient. Mais que cela peut revenir, que rien n'est immuable. Qu'il faut qu'ils trouvent le juste milieu entre leur tendresse et leur bestialité, qu'ils assument leur virilité comme nous notre féminité, qu'ils assument leurs fantasmes et osent nous en parler, même si on est la mère de leurs enfants. Mais qu'ils ne cherchent pas à nous imposer quoi que ce soit…

… J'ai peu de fantasmes, à l'exception de celui d'être prise de force ou d'être une prostituée au service d'un mec qui m'utiliserait pour son compte. Je le vois me séquestrer dans une pièce et venir abuser de moi à la fin de ma journée de travail. Le plaisir qu'il me donne est ma récompense à ma soumission. C'est un peu tordu, je sais, mais dans les moments où j'ai du mal à parvenir à l'orgasme, je visionne cette image, j'y parviens alors très rapidement.

Par contre, passer à l'acte m'empêche totalement d'éprouver du désir ou du plaisir. J'ai besoin d'un respect total de mon partenaire pendant l'acte, une simple insulte de sa part casserait tout désir…

… Un état second difficile à exprimer mais très agréable. Personnellement, j'arrive à avoir plusieurs fois de suite des orgasmes : quatorze fois à la masturbation. Je peux aussi éjaculer plusieurs fois de suite à la masturbation également. Je mouille beaucoup et suis rapide au plaisir. À quoi cela sert-il ? À être bien dans son corps et dans sa tête, à être relaxée…

Il y a autant de variétés d'orgasmes qu'il y a d'étoiles dans le ciel, mais ils ont tous quelque chose en commun : mon droit de naissance, d'avoir accès au plaisir sans limites.

Mon cher clitoris !

Les hommes aiment te déguster tel un petit pain d'épice qui laisse dans leur bouche un léger goût aux saveurs d'épices, et grâce à toi je m'envole aux pays des délices !!!

… Si une femme ne répond pas tout de suite à vos envies, prenez le temps de connaître votre partenaire pour un plaisir mutuel et partagé. L'amour, la sexualité des femmes est différente car nous sommes différents, mais cela nourrit les échanges, les partages, et plus le temps passe, plus la sexualité est riche et savoureuse ; alors profitez, goûtez-nous avec délectation, passion, et nous nous ouvrirons à vous…

… J'avais très peur. On faisait « l'amour habillé » avec mon premier petit ami, j'étais très excitée. Il m'a demandé si je voulais qu'on enlève nos vêtements, j'ai dit « oui ». Mais j'étais très complexée par mon physique, donc je pensais plus à rentrer mon ventre qu'à écarter les cuisses. Bref, peu de plaisir, une petite douleur lorsqu'il m'a pénétrée, et un gros câlin pour me consoler par la suite.

… S'il vous plaît, parlez du tissage du lien entre les gens, de la rencontre de la femme ou de l'homme qu'on aime, même si c'est pour une semaine, c'est pas grave, dites aux gens que le sexe et l'amour font bon ménage, qu'on ne peut pas trop longtemps les entrevoir de manière séparée. Dites aux gens que c'est bon

d'aimer, cette sensation particulière et cette paix qui nous anime juste après avoir fait l'amour avec celui qu'on aime. Donner, recevoir, partager.

… C'est un moment où je suis ailleurs, je perds tout contrôle de moi-même, à ce moment-là je pourrais faire n'importe quoi. Ça vous prend le bas ventre, ça monte, et c'est à ce moment, pendant quelques secondes, que vous perdez pied. C'est un état second où l'on ne se connecte plus avec l'extérieur, mais on est en prise totale avec son orgasme. Ensuite, je suis vidée. À savoir que, chez moi, je peux jouir en clitoridienne quatre fois, voire plus, à la suite.

Soyez à notre écoute, laissez-nous vous diriger vers nos points sensibles.

… Et à ce moment il est possible de jouer avec mon partenaire pour contrôler et prolonger ces vagues et ces montées successives ou bien à d'autres moments de laisser le tsunami m'envahir et me déborder et, là, souvent, je ne contrôle plus, et si j'étais debout je pourrais tomber tellement la tête me tourne et que j'ai le sentiment d'être dans une autre dimension et en apesanteur. Enfin, ce que je savoure également ce sont les contractions vaginales qui continuent et se prolongent, plus intérieures et plus hautes, et qui font perdurer la sensation douce et agréable d'extase, d'épanouissement et de relâchement…

… Lorsque je commence à jouir « en fontaine », j'arrive à jouir très facilement plusieurs fois d'affilée, ce qui n'arrive pas ou très rarement après une jouissance « sèche ».

Les continents féminins

Laisse-moi jouir seule avec toi.

Pour que les hommes puissent comprendre le plaisir féminin, je crois qu'il faut qu'ils apprennent eux aussi à jouir comme une femme, à attendre l'instant, à faire durer le plaisir.

J'étais au centre, à la périphérie, au bord… de cette profusion. Une langue s'inventait avec des spirales de souffles imaginés. Une langue de bois faite d'hêtre profond et d'acajou.

Je m'endormis.

Je fis un rêve :

J'arpentais les allées d'un cimetière et sur chaque tombe étaient inscrits des textes de femmes sur l'orgasme en guise d'épitaphe.

Les tombes étaient toutes ouvertes.

Près du cimetière, dans une clairière baignée par la lumière de la lune, j'assistai à un étrange sabbat : des femmes (celles qui sont sorties des tombes, me dis-je) dansaient nues autour d'une immense bouche, qui murmurait comme un mantra :

– Frissons d'ombelles ! Frissons d'ombelles !

Un coup de vent me retira mes vêtements. Je fus nu aussi.

Un sexe de femme avait pris place au bas de mon ventre.

Rencontre avec la sexualité adolescente

J'ai vécu un amour de violences, de batailles et de jouissances.
Un amour vulgaire, extrême. Un amour où nous étions libérés du temps qui coule sur nos jeunesses.
J'ai vécu un amour enfermé d'amour. Un amour qui ne pense qu'à lui et qui emmerde le reste du monde.

SOPHIE DUBEC, dix-huit ans

Après Brigitte Lahaie, mon aventure radiophonique continua avec Fun Radio. Je fus l'invité de la *Libre antenne* de Sophie Gaillard. C'était pour moi l'occasion de dialoguer pendant trois heures avec des adolescentes sur leur sexualité.

Nous étions convenus du thème des difficultés sexuelles chez les jeunes filles de quinze à vingt ans.

Après avoir écouté des « adultes », entendre ce que les ados pouvaient dire de leurs mondes intimes me paraissait important.

Dans le studio, j'étais entouré de Sophie, de son acolyte, Martin, de Rémy et du standardiste. À côté de ce petit monde, la douce Stéphanie officiait en tant que productrice.

Au cœur des blagues, des rires, de l'ambiance tournée vers la dédramatisation, je dialoguai (j'étais le psy, garant du sérieux !...) avec plusieurs jeunes filles en proie à des doutes et des souffrances.

Vaginisme, abus sexuels, honte face à la masturbation... tous les maux psychiques et corporels étaient là, parfois associés à la boulimie ou à l'anorexie ! La vision d'une entrée joyeuse dans la sexualité en prenait un coup !

Pourtant, ces jeunes filles avaient, sans aucun doute, des parents qui avaient vécu la « libération sexuelle » et avaient eu accès à une sexualité moins culpabilisante qu'autrefois... Visiblement, le message n'était pas passé... Quelque chose s'était refermé... Une porte lumineuse venait de leur claquer au nez, et l'ombre du sida n'y était pas étrangère...

Sophie accueillait les témoignages avec bienveillance, dialoguant juste, blaguant, tentant de mettre un peu de légèreté au milieu de ce fatras de troubles et d'incertitude.

Martin relevait les dialogues sur le tchat de la radio, Rémy sur MSN... De partout, en France, les ados appelaient pour raconter, s'exprimer, lancer un cri d'alarme : « Jouir pour nous est difficile », disaient-ils.

Bien sûr, je savais à quel point il est problématique de traverser ces années dites adolescentes ! Mais, quand même, un peu de gaieté aurait été la bienvenue !

J'avais comme l'impression d'une jeunesse sacrifiée et refusant sa destinée sacrificielle. Les ados semblaient détruits par des enjeux dont ils n'étaient pas conscients et contre lesquels ils n'avaient pas les armes adéquates pour lutter et avancer...

Chaque ado semblait avoir un sac à dos empli de terreurs et d'espoirs entremêlés.

L'adolescence est à l'orée de la vie dite mature. On peut supposer une urgence à entrer dans le monde du sexuel avec gourmandise. Hélas, la vision que m'offraient les adolescentes entendues ce soir-là était celle d'un appel au secours.

Sophie, Martin, Rémy et moi-même tentions d'alléger ce poids beaucoup trop lourd. D'y mettre des plumes et des fruits au lieu de plomb.

Néanmoins, au milieu de cette débâcle, une voix fraîche se fit entendre :

– Je suis Sandra et je voudrais témoigner. La vie peut être belle à seize ans. Cela fait deux ans que j'ai des relations sexuelles, et j'ai la chance d'avoir eu une belle première fois...

– T'as joui ? lui demanda Martin à brûle-pourpoint.

– Ben oui ! Ce fut fort ! Surprenant ! Et ça m'a donné envie de recommencer… Tenez bon, les filles, et surtout ne cherchez pas à vivre tout de suite comme des adultes. Le Prince charmant, l'Homme de sa vie et toutes ces conneries… Apprenez à vous découvrir, à savoir qui vous êtes… Apprenez à vous respecter dans votre désir, et les autres vous respecteront…

– Tu penses que c'est si simple ? risquai-je.

– Ce n'est pas une question de simplicité. C'est de la volonté ! Moi, je veux m'engager dans la vie en mordant dedans ! Je sais que la sexualité est importante et j'ai envie de la placer au centre, même si je sais que les études, les parents…

– Et tutti quanti, susurra Sophie.

– Et quoi ? demanda Sandra.

– T'en fais pas, c'est le nom d'un plat typique italien ! répondit Martin.

Rires dans le studio.

Sandra continua :

– Les adultes veulent des choses pour nous, et je le comprends, mais nous aussi on espère ! On veut construire à partir de nous-mêmes et ce n'est pas simple…

» Vous ne pouvez pas vous rendre compte de tous les obstacles sur la route d'une ado. Ce que veulent les parents, ce qu'impose la société, et puis notre corps qui veut des trucs et la tête qui résiste !

» Moi, ce que je veux dire, c'est qu'il faut nous laisser du temps et de l'espace pour respirer et réfléchir.

» Qu'on nous laisse aussi du temps pour nous tromper, faire des conneries… Apprendre quoi !

» J'ai envie de faire l'amour comme une ado ! Avec étonnement et difficulté ! Voilà, c'est comme ça ! …

Le témoignage de Sandra intervint en fin d'émission. Heureusement.

Il clôturait une soirée agréable mais éprouvante pour moi.

Après avoir salué toute l'équipe de la *Libre antenne,* je me retrouvai dans mon taxi.

Je rentrai chez moi accompagné des maux adolescents.

Comme un cortège de doutes et d'envie de liberté.

Comme un besoin d'avoir du temps pour comprendre la difficulté du monde.

Je regardais le ciel étoilé.

En longeant les quais de Seine, je crus voir une étoile filante.

Propos d'un homosexuel

Femme,
D'un bol de clair de lune,
De rire et de vin,
De sable et d'eau...

Philippe Lemaire

Il y a des moments où je suis très obéissant ! Brigitte Lahaie m'avait suggéré de rencontrer un homosexuel, et je décidai d'abonder dans son sens.

Pourquoi un homme, qui plus est ayant choisi de ne pas avoir de lien sexuel avec une femme, pouvait-il m'apporter des renseignements sur la sexualité féminine ?

Justement pour cela !

Je pensais, depuis cette proposition, qu'elle avait raison, qu'aller vers ceux qui n'ont aucun besoin rationnel et conscient de rechercher une justification ou une séduction dans leurs propos me permettrait de saisir quelques fulgurances.

Je me rendais compte également, au stade où j'en étais, combien, ô combien, j'avais recueilli de sensations nouvelles et ô combien, hélas, j'avais peu avancé. Il subsistait dans mes moments de rêverie comme la sensation d'un sable d'or coulant entre mes doigts. Quelques grains y restaient accrochés, mais la plus grande partie s'était envolée comme un songe.

J'ai rencontré Blonde dans une salle de théâtre vide. Un bien bel endroit pour envisager une discussion sur la sexualité féminine.

Blonde travaillait à la mise en scène d'un opéra et il m'avait demandé de le rejoindre juste avant une répétition.

– J'aime ce moment où les comédiens, les chanteurs ne sont pas encore là. Il y a comme une promesse suspendue. Il me semble que cette atmosphère peut être propice à notre discussion.

Lorsque je rentrai dans la salle, je fus saisi par l'ambiance solennelle et feutrée. Blonde était là, parlant à l'un de ses assistants. Il me fit un signe de loin, chaleureux.

J'attendis tout en observant au plafond les dessins où les couleurs multiples s'entremêlaient aux chants muets des anges et des femmes nubiles.

Blonde vint vers moi d'un pas léger. Il souriait de loin. Il sourit de près.

Il était simplement beau. Comme une évidence. Il n'y avait, chez lui, aucune recherche de séduction directe, juste une façon d'être là. Calme et posé. Comme un sphinx en mouvement.

– Vous êtes le premier à me faire une telle demande ! Est-ce parce que je mets en scène *Madame Butterfly* ? Quelque chose vous intrigue dans mon approche ? Je sais que la presse n'apprécie pas toujours mes choix. Cette recherche du troisième sexe dérange beaucoup les Français. Allez au Japon et vous verrez comme tout cela est intégré naturellement dans la société nippone…

– Non, dis-je. Je ne connais rien de vous en tant que metteur en scène. C'est un ami commun qui m'a conseillé de vous rencontrer…

– Bien, bien… Alors ! La sexualité féminine… Au fait, vous savez que je suis homosexuel ?

– Oui, c'est justement cela qui m'intéresse !

– Qu'entendez-vous par « qui m'intéresse » ? Vous êtes venu pour un moment de drague ?

– Non, non, ma démarche est sincère !

– « Sincère »… voici un mot que j'adore ! En ces temps frileux où chacun retourne sa veste à tout va, j'aime que vous prononciez ce mot ! « Sincère » !

Il passa sa main dans ses cheveux. Pendant quelques secondes, il partit dans ses pensées. Il reprit la parole :

– Pour moi, la sexualité féminine tourne autour de plusieurs mots clés : étonnement, car c'est un univers qui me surprend ; curiosité, pour les mêmes raisons ; proximité, car la femme est proche de moi. Voyez-vous, même si mon choix de relation est homosexuel, je n'en reste pas moins proche du tremblement de la femme. Il me parle, me bouleverse et me fascine. C'est d'ailleurs pour cela que l'autre mot qui me vient est admiration. Oui, monsieur Borda, je suis admiratif de ce qui se passe chez elles. Admiratif et complice. Voilà, complice est le dernier mot !

» Tout cela vous étonne ?

– Je fais ce voyage particulier pour être étonné, figurez-vous !

– Je comprends… il est difficile de sortir des idées reçues, c'est pour cela que je vous pose cette question. N'importe qui s'attendrait à un discours discriminatoire sur les femmes, surtout venant d'un homosexuel confirmé comme moi ! Et médiatisé qui plus est ! Mon homosexualité est une tentative d'approche de ce que je pressens que vivent les femmes dans leur sexualité. Être homosexuel est, pour moi, le trajet le plus court vers la compréhension du « mystère féminin » !

Après un léger silence :

– Il est étonnant de voir comme les femmes nous parlent facilement de leur sexualité, à nous, les homosexuels. Je pense qu'elles sentent cette connivence particulière. Quelque part, nous partageons le même mystère et aussi… le même éclat !

– Éclat ?

– Le mot vous surprend ? Eh bien ! vous n'avez pas fini d'être surpris ! N'avez-vous pas compris à quel point le langage du féminin est la poésie ? Et la poésie, c'est la surprise. C'est le monde surpris ! Le geste surpris ! Des cailloux ramassés par la main du voleur dans la transparence de l'onde… Ne croyez pas qu'il ne s'agit que de belle poésie. La femme sait être féroce dans sa sexualité. Si elle était un fléau, ce serait la famine !

Il se mit à rire, délicieusement théâtral.

Il émanait de lui une transparence et une authenticité fascinantes.

Ses paroles étaient entrecoupées de silences. Comme une cantate de Bach. Juste un suspens avant la beauté.

– Je voudrais pouvoir approcher de ce que je pressens d'elles. Pouvoir saisir dans mon corps ce que je crois qu'elles peuvent atteindre. Ce qui se dit dans les regards de Marie Madeleine ou de Marilyn Monroe. Vous entendez : M. M. Que de l'amour dans les initiales ! Elles sont présences charnelles et sexuelles et cela les conduit vers une véritable vastitude !

– J'ai l'impression à vous entendre que vous auriez aimé être une femme !

– Oui, bien sûr ! Mille fois oui ! J'ai longtemps cru que ma « part féminine » se serait ainsi épanouie avec plus de bonheur que ma part masculine ne s'est réalisée en ma nature d'homme. J'aurais été parmi les autres avec plus de facilité et j'aurais connu plus de réjouissances ! Plus de jouissances ! J'aurais été une antilope dansant le tango dans les savanes africaines !

Des échanges de mots se firent plus proches. Les comédiens et les chanteurs arrivaient. La répétition allait commencer.

– Comme vous le voyez, dit Blonde, ils arrivent ! Vous voulez rester et voir notre travail ?

– Non, dis-je. (J'avais surtout peur de gêner !) J'ai un rendez-vous !

– Avec une lesbienne ?

– Je n'y avais pas pensé ! Mais maintenant que vous me le dites, je vais peut-être en interroger une ! Mais pour l'instant, c'est une hétéro que je vais voir !

– Moi, je vous dis ça ! Je ne dis rien en fait ! Hétéros, lesbiennes, homos… tout cela, ce sont des mots ! Que le sexe se libère du sexe, et nous n'en serons que plus dégagés pour nous aimer et nous désirer !

On s'approchait de lui. Je sentais qu'il commençait à se rendre disponible pour son travail théâtral.

– Au revoir, monsieur Borda ! N'hésitez pas à revenir me voir ! J'ai encore beaucoup de choses à vous dire. Oh ! Rassurez-vous, ce ne sont que des futilités, c'est bien pour cela que c'est important !

Je m'éloignai.
Je sortis du théâtre.
Le printemps était là en forme de lambeaux de soleil.
Épars.

Inventer une nouvelle sexualité (« Les pensées d'Ulysse III »)

Hâte d'écrire sur les femmes pour devancer encore les femmes, hâte d'écrire par crainte de se laisser devancer par la mort…

SARAH KOFMAN

Avancer dans ma recherche et recevoir les paroles des femmes m'amènent à modifier mes idées préconçues. Travailler autour du concept de la sexualité féminine pose la femme et son plaisir comme sujets d'étude, certes, mais dans le même mouvement se fait jour l'interrogation sur le rapport conflictuel entre les hommes et les femmes.

La sexualité humaine, au-delà des utopies réunificatrices, semblant être un combat perpétuel d'où n'émerge aucun véritable vainqueur.

Lorsque l'on se met en tête de modifier ce paradigme, on active, en pleine lumière, le fait que c'est la dualité elle-même qui est source de conflits et de malentendus. À toujours opposer, on accrédite la friction. Le bien contre le mal, la femme contre l'homme, le Blanc contre le Noir, le laid contre le beau.

Depuis des décennies, on parle donc de guerre des sexes. Ce vocabulaire volontiers violent et radical ne porte en lui-même aucune perspective de résolution.

Qui est en guerre contre qui ?

L'homme contre la femme ?

En fait, si on y réfléchit avec un tant soit peu de recul, l'un et l'autre ont à trouver le moyen de s'unir contre ce qui les fait souffrir tous deux : le patriarcat, qui n'a laissé qu'une place de soumission aussi bien à la femme en tant qu'épouse qu'au fils en tant que gardien du temple paternel.

L'un et l'autre comme lieux psychiques et physiques de souffrances toutes tournées vers l'adoration d'une hégémonie avant tout économique.

Faut-il, dès lors, parler de possibilités de réconciliation ?

À l'heure où les femmes revendiquent, justement et fortement, une place pour l'expression de leur sexualité, il serait de bon ton d'utiliser ce mot.

Mais que réconcilier lorsque rien n'a été concilié réellement ?

Il n'y a pas un Éden perdu auquel il nous faudrait prestement revenir. Un état idyllique où tout n'est que compréhension et dont nous aurions perdu la précieuse clé.

Ce qui existe fondamentalement, ce sont des corps et des devenirs qui cherchent à se rencontrer.

Quel est le corps de la femme et quel est son devenir ?

Penser que les hommes ont la réponse à cela est un leurre dangereux.

Quelque chose est à inventer, de toute évidence. Un espace non encore vécu, où la place de l'un et de l'autre est à définir.

La rencontre entre l'homme et la femme n'a pas encore eu lieu. Des siècles d'obscurantisme nous ont obstrué le cœur. Il nous faut apprendre à quitter la « soumission existentielle » d'un côté et la « domination apprise » de l'autre.

Les femmes n'ont rien à apprendre des hommes. Ils ne sont pas leurs maîtres. Elles ont tout à découvrir à partir d'elles-mêmes.

Construire ses propres richesses et en savourer le prix.

Si elles s'installent dans l'illusion d'un savoir à saisir à partir des hommes, elles ne font qu'alimenter le pouvoir masculin. Il leur faut prendre ce savoir, s'y installer, sortir des cuisines, quitter le ménage pour goûter au savoir afin de pouvoir se dire, s'affirmer.

Se vivre.

Dans tout cela, il n'y a rien à gagner. Si la femme combat l'homme (et, au demeurant, c'est toujours lui qui gagne !), elle ne conquiert aucun empire. Juste un en-pire.

Dans sa sexualité, la femme n'est à la tête d'aucun royaume. Elle n'a pas à régenter.

Elle est le subtil contenant qui se suffit à lui-même et n'accepte pas la comparaison. Elle n'est pas comparable.

Ce n'est pas l'homme qui la fait jouir. C'est elle qui se donne l'espace pour la jouissance et qui accepte de partager cet espace avec lui.

En ouvrant cet espace, ces espaces en elle, elle apprend à se découvrir et à se donner au monde.

Car ce n'est pas à l'homme que la femme se donne ou s'offre, c'est au monde. Chaque jouissance féminine est un don fait à l'Univers. Que l'homme veuille s'y ressourcer, c'est une autre histoire…

En écoutant les quelques hommes que j'ai pu rencontrer – tellement significatifs ! –, j'en arrive à penser que l'homme n'a pas encore découvert son masculin et que ce n'est pas en opposition à la femme qu'il pourra le faire, mais dans une plongée au cœur de lui-même. L'homme n'a développé qu'une partie infime de lui-même, tournant toujours autour des mêmes axes : puissance, conquête, force, virilité.

Depuis des siècles nous savons ce que cela donne !

En fait, s'il y a un combat à mener, c'est dans la construction d'une « nouvelle humanité ».

L'ancienne est définitivement morte à Auschwitz.

Cette « autre humanité » – comme cette « autre sexualité » dont me parlaient les amies d'Ysé – ne peut se construire que dans la découverte pour l'homme et la femme de l'objet même de ce qu'ils sont.

Il me paraît clair qu'un homme n'est pas plus homme en étant féminin et qu'une femme n'est pas plus femme en devenant masculine.

Ils ne font qu'emprunter un caractère qui ne leur appartient pas. C'est un vol, une tentative de possession erronée. Ils n'en sont que plus empruntés dans leurs comportements et leurs désirs. Même les choix homosexuels ou lesbiens sont concernés par cela. Ce dont il s'agit, c'est de l'affirmation d'une identité pleine et entière.

Surgit alors la question de l'Autre. Comme le dit Julia Kristeva : « L'enfer, ce ne sont pas les autres : l'enfer, c'est l'autre en moi que je n'ose pas penser. »

Accepter qu'il y ait de l'Autre en soi, c'est se demander quelle place on lui fait.

Sans aucun doute, l'Autre de l'homme est la femme. Ce n'est pas féminiser l'homme que de dire cela, mais c'est l'amener à comprendre ce que veut dire le féminin en lui.

L'histoire a constamment mis l'homme en demeure de détruire cette part mystérieuse en lui-même. La destruction et la déroute du féminin ont permis l'établissement de la puissance patriarcale, du religieux monothéiste et ont conduit à la destruction, au massacre et au déni de l'Autre. De l'étranger. De l'étrange. De l'étrange étranger.

L'Autre en soi, c'est un espace particulier de soi-même sur lequel n'ont de prise et de puissance que des déterminations extérieures à soi.

C'est accepter d'être dessiné par le désir de soi en l'Autre et de pouvoir intégrer ce désir comme une partie de soi. En fait, la place de l'Autre en soi s'appelle ni plus ni moins l'Inconscient.

Il s'agit d'un inconscient dynamique, ouvert, exubérant, dans lequel la place laissée au désir de l'Autre est une expansion constante de soi-même. Si l'Autre de l'homme est le féminin, l'Autre de la femme n'est pas l'homme. Dans l'aventure de l'Humain, la femme se doit de se trouver elle-même et d'accéder à son entité. Elle doit cesser d'être étrangère à elle-même.

L'Autre de la femme, c'est la Féminité.

C'est ici que les hommes et les femmes peuvent se retrouver. Ils ont un Autre similaire. L'Inconscient, c'est de l'Autre. L'Inconscient, c'est du Féminin.

Lorsque l'on accepte l'Autre en soi, on laisse tomber la recherche de la compréhension pour se laisser bercer par l'inattendu, le non-conceptuel, l'étrange, voire le sauvage.

On entre de plain-pied dans le monde de la poésie fait d'images, d'analogies aléatoires, de liberté, de refus des évidences et des obligations.

Je suis en train, dans ce parcours mien, de m'apercevoir que je ne peux pas comprendre (prendre avec soi, posséder) la sexualité des femmes, car elle ne m'appartiendra jamais.

Mais elle me « travaille », me porte, m'aiguillonne.

« Contemple », disait Océane.

Oui, bien sûr.

Apprendre à contempler devient apprendre à aimer.

Saisir cela, c'est mieux se connaître. C'est aller vers soi. C'est aussi appréhender ce qui ne m'appartient pas et qui est pourtant partie de moi. Ce féminin que j'active par les rencontres et les interrogations, il me transforme. Il me mène là où je ne me connaissais pas. Mais là où j'étais présent sans le savoir. Je suis fait d'Autre et de moi-même. Je suis fait d'inconnu et d'un connu.

La rencontre de l'un et de l'autre m'augmente en moi-même.

Je fais l'apprentissage de la fraternité. Envers moi.

En découvrant les multiples visages de l'univers sexuel féminin (même au travers du langage des hommes, de Blonde ou des Guerriers de la virilité), je m'aperçois à quel point la femme nous signifie qu'il existe un autre monde non exploré, encore. Celui-ci n'est pas un au-delà. Il est en elle. Et au cœur de nous.

Comme un talisman.

La sexualité féminine ne se résume pas à l'orgasme. Cette acmé est conçue comme un aboutissement dans la vision masculine. La dimension naturellement multi-orgasmique de la femme (que toutes les femmes ne vivent pas obligatoirement !) raconte combien l'orgasme féminin commence après le premier orgasme ! Il s'agit de jouir pour pouvoir jouir. Ici, pas de performance ni d'alignement statistique, mais une expansion amenant à l'orée d'un autre monde. Là, il n'y a plus d'angoisse. Il est retourné comme un gant.

La femme ne cherche pas à jouir pour annuler l'angoisse, contrairement à ce que cherche inconsciemment l'homme. Elle ouvre l'espace, déchire le voile et dans un mouvement contradictoire retrouve l'angoisse (d'où la peur de certaines) pour la recouvrir, la dépasser.

Lorsque je parlais du corps et du devenir, c'est parce que la sexualité investit et interroge nos espaces corporels, notre rapport inconscient à notre corps et à ses images.

Ce que la sexualité féminine dit du corps, c'est qu'il est un encore, un en-corps.

Une profusion possible qui agace les frontières et bouleverse les émotions.

Mais tout cela est une théorie du corps possible. C'est un aperçu d'une incarnation différente, où la sexualité ne serait pas seulement une économie marchande, mais l'apprentissage existentiel de l'Humain en nous.

La sexualité féminine est une puissance, non un pouvoir. Et cette puissance, où l'homme comme la femme ont à puiser, est à venir.

L'humanité aussi est à venir.

Nous n'avons pas encore commencé à naître.

Regarder la jouissance en face

Cette recherche de l'humain par-delà sa fonction sociale, chaque patient, tôt ou tard, me l'oppose, glissant sur le terrain transgressif : « Quand vous départirez-vous de votre rigueur ? Ne pourrions-nous pas parler devant une tasse de thé ? »

ANNIE ANZIEU

J'avais la certitude d'effectuer un voyage peu commun. Rencontrer, parler, tenter d'en savoir plus sur l'Autre, c'était en apprendre plus sur moi-même.

Et défilaient devant mes yeux des images et des situations passées.

En avançant sur mon chemin, il m'arrivait fréquemment de repenser au passé et à tous ces moments, où, confortablement installé dans ma fonction de psychothérapeute, j'avais la ferme conviction de savoir. Un savoir mis au service de l'autre bien sûr, mais construit à partir de certitudes reçues au cours de mes années d'études.

Une question revenait sans cesse : si j'avais rencontré Bérengère, Blonde, Océane, Brigitte Lahaie… avant d'exercer, aurais-je été différent ?

La réponse s'imposait d'elle-même : non !

Mais qu'aurais-je fait de plus ? Je crois que j'aurais mis de côté cette espèce de toute-puissance naturelle dans laquelle nous nous drapons, nous autres, professionnels de la relation d'aide.

Dans ces réminiscences, Mme Rolland revenait souvent.

Elle fut une de mes premières patientes.

Elle était venue me voir pour des problèmes de relation avec les hommes et, surtout, pour une difficulté d'accès à l'orgasme présente en elle depuis près de vingt ans. Elle était, à l'époque, une belle femme d'une cinquantaine d'années qui ne comprenait pas très bien ce qui lui arrivait.

– J'ai droit à la jouissance comme n'importe quelle femme ! J'essaie pourtant. Je me caresse, je rencontre des hommes et je couche avec eux, mais ça bloque. Je sens que j'y suis presque, mais ça ne veut pas venir. Alors je suis irritée toute la journée. Et maintenant l'irritation se transforme en tristesse. Je suis au bord de la dépression, je le sens.

Mme Rolland rencontrait souvent le même type d'hommes. Un peu hautains, intelligents et en recherche d'une mère plutôt que d'une femme. Comme ils étaient de son âge, elle en venait à se dire qu'il faudrait peut-être aller vers de plus jeunes.

Je pensai tout de suite qu'elle ne m'avait pas choisi comme thérapeute par hasard. J'étais jeune et j'avais une connaissance de la sexualité féminine qui pouvait l'aider à dépasser son complexe.

Elle eut rapidement l'impression que si elle acceptait de jouir sans entraves, elle offrirait un visage déformé et laid à ses partenaires et… à elle-même, puisque même dans la pratique de la masturbation elle se retenait !

Elle se souvint de ce compagnon qui lui avait dit qu'il ne la reconnaissait pas quand elle avait un orgasme.

– C'est depuis ce moment-là que ça a commencé à déconner, dit-elle. J'ai commencé à faire l'amour dans le noir et puis à ne plus jouir du tout. Ça allait bien seule et puis ça n'a plus été du tout ! Toujours cette saleté d'impression d'offrir un visage grimaçant…

Je me disais en moi-même que ce n'était pas très grave, qu'elle arriverait à dépasser ce problème, à le remettre à sa place. J'avais eu quelques patientes plus « atteintes » qu'elle. Des cas de vaginisme primaire, des histoires d'inceste et de viol.

Alors une grimace disgracieuse, ça pouvait se soigner vite !

Lorsqu'elle venait me voir, je la prenais de haut et quelque chose en moi n'accordait pas vraiment de crédit à ses affres personnelles.

Je faisais des efforts pour être présent et l'écouter attentivement.

Elle arriva un jour très en avance. Je la laissai dans la salle d'attente et continuai ma séance précédente.

Elle entra et me dit :

– J'ai essayé d'écouter comment les choses se passaient avec la dame qui vient de sortir. Je n'ai pas tout saisi, mais j'ai eu le sentiment que vous étiez plus gentil avec elle, plus présent. Vous voyez, vous êtes comme les autres hommes. Je crois que je ne vous intéresse pas beaucoup !

Bien sûr je niai. J'essayai de mettre en avant des arguments professionnels, des notions de distance juste… rien n'y fit. Elle pleura abondamment. Et je me retrouvai seul avec ma culpabilité.

La séance suivante, elle revint ravie. Elle me remercia de ma franchise et me dit qu'elle avait enfin pu dire à un homme qu'elle n'était pas respectée !

– Vous êtes un super-thérapeute ! Je sais que vous avez fait exprès d'être lointain et un tantinet méprisant. C'était pour me faire réagir et me pousser à vider mon sac ! Merci, monsieur Borda ! Vraiment merci !

Je restai coi.

Mon indifférence réelle s'était transformée en une prouesse thérapeutique d'une rare efficacité !

– Vous pensez que cela va vous aider dans vos prochaines relations avec les hommes ? demandai-je.

– Bien sûr, répondit-elle. Il n'y a aucun doute là-dessus !

Ce ne fut pas le cas. Elle s'acharnait à collectionner les rencontres, les soirées arrosées et festives et les « coups d'un soir ». Les jeunes hommes étaient sa cible principale. Elle était dans l'idée que le contact de son corps avec celui d'hommes de trente ans l'aiderait à enfin accepter cette montée de jouissance, ce relâchement vaginal et facial. Rien n'y fit.

C'est alors que je commençai à réellement m'intéresser à elle. Oh ! non, pas en tant que personne, mais en tant que sujet d'étude. Je donnais mes premiers cours de sexologie pour une école privée et je regardais plusieurs de mes patientes avec l'œil torve du scientifique. Je cherchais des cas suffisamment intéressants pour en parler avec mes élèves. Ainsi, j'apparaissais comme un spécialiste chevronné confronté à des équations impossibles que moi seul savais résoudre ! Car j'inventais des fins de thérapies qui, toutes, me glorifiaient et m'installaient à la place de celui qui sait et qui peut enseigner aux autres une érudition pratique absolue.

Mme Rolland s'engluait dans son absence d'orgasme.

– Pourtant je suis belle, n'est-ce pas ! Lorsque je me regarde dans le miroir, je vois une femme acceptable. Oui, j'ai cinquante ans, mais je vois bien que le temps ne m'a pas flétrie comme beaucoup de mes amies. Mais je crois que ce qui m'a été dit par cet homme me renvoie à l'idée de la mort. C'est cela, j'ai la sensation d'offrir un visage de morte lorsque je jouis. Je ne veux pas jouir parce que je ne veux pas apparaître comme morte. La jouissance, c'est la vie, pas la déchéance !

Elle avait raison. Et moi, je me disais : « Continue à souffrir et à ne pas trouver de solutions ! Tu restes un cas exceptionnel et tu me donnes du grain à moudre face à mes étudiants ! La jouissance et la mort ! Quel bel attelage ! Il y a de quoi dire ! À partir de ton cas, je peux parler de Georges Bataille, d'Egon Schiele, de plein d'autres et montrer que je sais faire des liens subtils, tisser des ponts incongrus et pertinents entre la littérature, la psychanalyse et la peinture ! »

Lorsque je porte un regard sur cette période de ma pratique, j'ai une certaine compréhension de mes erreurs dues au fait que j'étais jeune et que je commençais seulement à saisir les arcanes de la relation duelle thérapeutique.

Mais au regard de ce que je vivais dans ma recherche présente, tout cela s'écroulait. À l'époque, j'avais besoin de construire des certitudes et je cherchais à les établir à partir d'une connaissance clinique et non d'une émotion.

Mme Rolland continuait son travail personnel. Elle parlait beaucoup. Lorsque vint le moment de s'allonger sur le divan, ce fut pour de longues chevauchées verbales.

– J'ai l'impression, lorsque je m'allonge, d'être sur la plage baignée par un soleil de feu qui me fait du bien. Vous êtes là, vous m'écoutez et je peux me laisser aller, enfin. Je crois que je comprends à travers ce soleil symbolique combien j'ai besoin de me faire du bien et de me respecter. Mais je n'arrive pas à accepter l'idée de ce masque mortuaire associé à ma possible jouissance. C'est toujours la même question : comment accepter de mourir et de trop vivre en même temps ? Car jouir, c'est ça, c'est vivre trop. C'est ouvrir la fenêtre, se laisser baigner par la chaleur et écarter les jambes encore plus !...

Elle continuait à associer la possibilité du bonheur sexuel avec ce qui se passait dans l'intimité du cabinet. Somme toute elle avait raison ! Mais les choses ne s'arrangeaient pas dans sa vie réelle. Les hommes l'accompagnaient volontiers dans son lit, mais elle n'arrivait pas à leur offrir sa mort imaginée.

Allongée, elle se noyait dans des flots verbaux illuminés par un astre solaire qui prenait de plus en plus la valeur symbolique d'un homme idéal, dont je devenais l'avatar humain sans m'en rendre complètement compte.

Entendre les paroles et les associations libres d'un patient demande plusieurs écoutes. On est attentif au fait que l'autre parle tout en étant témoin de l'élaboration de sa parole et, en tant que psychothérapeute, on porte sa vigilance sur son aptitude à accueillir l'écoute et à comprendre la manière dont sa propre écoute s'organise.

Avec Mme Rolland, je commençais à saisir les soubassements de sa problématique. En surface, elle souffrait d'un masque. En profondeur, elle souhaitait devenir ce masque. Se tissait entre elle et la pulsion de mort un jeu particulier dont je ne saisis les règles qu'au travers d'un événement édifiant.

Nous étions au mois de juillet, et Mme Rolland ne s'était pas départie de son mode vestimentaire habituel. Plutôt classique et convenu pour une femme de son âge.

Mais, ce jour-là, elle vint habillée d'un cache-cœur mauve et d'une jupe courte violette. Il était difficile de ne pas la remarquer. Contrairement à son habitude, elle s'était maquillée de manière ostensible. Le khôl donnait à son regard une nuance orientale précise et séductrice.

Elle s'assit en face de moi. Son regard plongea volontairement loin dans le mien.

– Je suis venue vous voir avec la ferme intention de me suicider après cette séance. C'est la dernière fois que nous nous voyons. C'est un adieu.

Je balbutiai des mots inintelligibles avant d'organiser mes phrases autour de concepts idiots et inefficaces tels que : « La vie vaut la peine d'être vécue » ou : « La thérapie ne fait que commencer. Vous êtes au bord d'une révélation importante pour vous. »

Elle sourit, comme triomphante. Enfin elle me touchait. Enfin je ressentais une émotion directement liée à elle.

Je tremblais.

Ce furent de longues minutes de négociations stériles.

En désespoir de cause, je me résolus à mettre fin à la séance. Je l'accompagnai jusqu'à la sortie de mon cabinet en réitérant mes considérations sur la vie et ses bienfaits cachés.

Elle me regarda de nouveau avec ses yeux orientaux !

– Prends-moi dans tes bras, me dit-elle.

L'utilisation soudaine du tutoiement me figea sur place.

Mais j'obtempérai. Après tout, il s'agissait de sauver une femme d'une mort programmée !

À peine l'avais-je touchée qu'elle se retrouva nue. Sa jupe, son cache-cœur furent au sol en quelques secondes. Elle avait tout prévu dès le début !

Elle commença à gémir tout en s'agrippant furieusement à moi. Son visage commença à être envahi de mouvements convulsifs.

– Même si tu as une autre vie, je suis à toi ! Laisse-moi les miettes ! Je les prendrai ! Fais-moi jouir là, ici, tout de suite !

Je ne fis rien de cela. Je scrutais ce rictus particulier qui était le sien pendant qu'elle prononçait ces paroles. Elle commençait effectivement à ressembler à une morte ! Oui, elle avait raison ! Non, je ne voulais pas voir cela !

Je l'obligeai à se rhabiller. Ce qu'elle fit sans rechigner.

Je la mis dehors sans ménagement.

Avant que je ne referme la porte, elle se tourna vers moi et me fit un « adieu » théâtral, pathétique et terrible. Je reçus comme un coup de poignard dans les reins.

Elle partait pour le grand saut avec fierté et détermination.

Je fermai la porte.

Mme Rolland ne se suicida point. Je le sus par le médecin qui me l'avait envoyée.

Mais, aujourd'hui, je me rends compte à quel point je fus coupable et responsable de tout ce qui était arrivé. Je n'avais pas su accueillir son désarroi. Je l'avais banalisé, et elle me renvoya en pleine tête cette inattention par un geste par lequel elle m'obligea à regarder en face le symptôme dont elle me parlait. Afin que je comprenne que les prétendus délires des patients sont des vérités profondes porteuses de souffrance et de demandes.

Si je repense à Mme Rolland aujourd'hui, c'est pour parvenir à saisir ce qui est réellement en jeu pour moi. Une ébauche de redéfinition de mon travail thérapeutique. Un changement d'attitude.

C'est cela, aussi, que j'apprends.

À quitter la sphère du supposé savoir pour celle de l'intelligence émotionnelle.

Facettes de la petite mort

Pourquoi donc, malheureux, abandonner ainsi la clarté du soleil et venir voir les morts en ce lieu sans douceur ?

Homère, *L'Odyssée*, chant XI

Penser à Mme Rolland me permit donc de recontacter une culpabilité salvatrice ! Et, indirectement, de me poser des questions sur les représentations de l'orgasme féminin.

Dans les témoignages que je recevais, depuis l'entrevue avec Brigitte Lahaie, les mots tentaient de décrire des sensations et des états. Mais pas d'images !

Je m'apercevais à quel point la jouissance féminine pouvait être soit sonore (gémissements, cris, soupirs en tout genre), soit littéraire dans les représentations que j'en avais.

Mais voir ! Observer, sentir le tremblement prendre place, « contempler », comme me le disait Océane. Il me manquait cela.

Je n'allais tout de même pas me lancer dans des relations sexuelles à l'infini dans le seul but de voir des visages extatiques ! Et j'avais pris la décision de laisser mon désir de côté et de ne jamais passer à l'acte au cours de ce périple.

Une vieille résurgence de l'obligation d'abstinence du psychanalyste. Et puis, ne pas passer à l'acte ne m'interdisait pas de ressentir et de m'émouvoir. C'était même cela l'un des objectifs implicites de ce voyage en féminitude !

La crainte portée par Mme Rolland tout au long de son cheminement vis-à-vis de sa laideur durant la jouissance s'était réveillée en moi comme une obsession. Je voulais trouver le moyen d'avoir en face de moi des multitudes de visages de femmes au bord de l'orgasme.

Il me fallait regarder et comprendre ce que cela pouvait éveiller en moi comme soubresauts et réflexions.

Je cherchai et je finis par trouver une superbe solution.

En naviguant sur Internet, je découvris le site Beautiful Agony. Il était sous-titré : « Les facettes de la petite mort ».

On pouvait y voir des centaines de femmes se masturbant et jouissant face à la caméra. On ne distinguait pas de seins, pas de sexe. Les femmes (et les hommes ! mais seules les femmes m'intéressaient !) se caressaient avec la main, les doigts, un sex-toy ou autre chose… (Parfois on devinait même un ou une partenaire s'activant entre des jambes que l'on supposait ouvertes !) Difficile de savoir, car le cadre était résolument fixe et ne montrait que le visage jusqu'à l'orée des seins.

Mais j'avais trouvé ce que je cherchais ! M'asseoir devant l'écran de l'ordinateur et m'abreuver de visages, d'expressions, et rechercher les signes de quelque chose qui ne disait pas son nom !

Je voulais entendre ce à quoi j'étais sourd ! Je voulais dire ce que les femmes ne peuvent pas dire ! Et tout cela en passant par le regard, par mes yeux grands ouverts sur ces vignettes offertes comme des petits pains au chocolat délicatement posés sur le plateau du petit déjeuner !

Ainsi, je devins en quelques jours l'« homme qui a vu jouir des centaines de femmes » ! Je ne m'imaginais même pas que je n'étais pas le seul à avoir accès à ce site ! Il se produisit un dialogue secret et silencieux entre ces femmes inconnues et moi.

Je cherchais un aveu, une parole qui aurait dit :

– C'est cela, Ulysse ! C'est cela que tu dois savoir pour le dire au monde dans ton poème dérisoire !

Je scrutais et, tout au long de ces heures à saisir les montées orgasmiques et les éclats de cris, de rires, de larmes, je commençais à harponner quelque chose qui se profilait.

L'orgasme féminin y était multiple, mais ce qui était commun à tous, c'était ce moment particulier où tout semblait chavirer : il y avait une stupéfaction.

Comme si elles s'attendaient à jouir, mais pas comme cela ! Comme s'il y avait un élément nouveau chaque fois, une variation.

Ce n'était pas la reproduction du même, juste une étape de plus vers un inattendu. Il était clair que ce qui était recherché par toutes ces femmes, ce n'était pas l'intensité, mais la qualité de la surprise. Et celles qui, dans la même vignette (elles duraient entre trois et douze minutes), avaient plusieurs orgasmes restaient, néanmoins, rivées à ce même parcours.

Un parcours vers quelque chose d'a priori connu qui se concrétisait dans une ouverture chaque fois surprenante.

Étonnante.

Vibrante.

Stupéfiante.

« Les facettes de la petite mort », disait le sous-titre du site. Ainsi, non seulement je contemplais des acmés torrides et parfois douloureuses, mais j'assistais aussi à la montée de l'expression d'une mort intime et subtile.

Le jeu auquel je m'initiai moi-même fut de poser mes yeux au plus profond des leurs et de m'investir dans un dialogue hypnotique afin de partager une intimité virtuelle avec elles.

Je ne discriminais pas. Je voyageais avec les belles, les moins belles, les Blanches, les Asiatiques, les Noires… La Femme m'offrait son parcours délicieux vers l'orgasme, et je l'accompagnais de toute ma générosité visuelle.

Je me souvenais en regardant Beautiful Agony des paroles de certaines femmes que j'associais aux visages présents devant moi.

Et tourbillonnait dans mon esprit un maelström particulier où les mots, les sons, les couleurs s'organisaient pour finir dans ces délicieux tremblements dont j'étais le témoin privilégié.

Je me rendais compte à quel point la seule explication du besoin de relâchement physique et émotionnel ne suffisait pas. Bien sûr celui-ci est primordial, mais autre chose se met en mouvement, une autre demande qui se situe bien au-delà des frontières corporelles et psychiques.

Parfois, dans le train ou en marchant dans la rue, une vignette particulièrement prégnante revenait envahir mon écran mental intérieur, et j'étais accompagné d'une série de souffles qui me rendait léger et serein.

« Si l'orgasme des autres sert à être plus heureux, c'est bien, me disais-je, mais c'est court comme fonction… »

Je me mis à relire *La Fonction de l'orgasme*, de Wilhelm Reich, mais les propos du grand psychanalyste autrichien ne m'aidaient pas plus que cela.

J'étais proche de quelque chose et je me disais que j'avais peut-être peur de le saisir vraiment.

L'idée que la seule virtualité m'empêchait d'avoir accès à ce « quelque chose » me taraudait. « Il faudrait donc vivre réellement ce que le Web me permet ! » me racontais-je. Non, ce n'était pas possible.

Je ne savais pas à l'époque combien j'étais en répétition d'un moment unique à venir ! Mais j'en parlerai plus tard !

Alors je revenais à mon écran d'ordinateur, scrutant, attendant, espérant, accompagnant ces femmes qui acceptaient que je les regarde sans me connaître, mais me supposant au moment même de la prise de vues.

Je parvins à sélectionner une dizaine de situations orgasmiques qui me troublaient plus que les autres. Plutôt que de continuer à me laisser envahir par la profusion, je prenais le parti du choix des moments les plus forts.

Vint le moment où je me concentrai sur l'instant juste après l'orgasme. Cette suspension délicate et belle où de multiples sentiments semblaient habiter ces nombreuses inconnues.

Il y avait comme un arrêt. Après, soit la séquence se terminait, soit un autre orgasme semblait possible.

Je songeais à Arthur Rimbaud. Le jeune homme essentiel avait écrit : « Je fixais des vertiges. »

Oui, c'est cela, un vertige se fixait. Comme en développement photo ce moment où l'image se donne. Se révèle.

Et la révélation vint.

Dans ces regards juste après l'orgasme, il y avait, immense et palpable, un remerciement.

De femmes à femmes

Le lesbianisme n'est pas seulement une pratique sexuelle,
c'est aussi un comportement culturel : vivre par soi et pour soi,
une indépendance totale par rapport au regard des hommes,
à la mise en forme du monde qu'ils ont construit.

MONIQUE WITTIG

La maison était grande vue de l'extérieur. Elle se posait, pleine et tranquille au fond d'un petit parc.

Quand on y pénétrait, les masques africains posés au mur vous gratifiaient le regard de grimaces et d'expressions de majesté.

Tentures, tapis confirmaient la sensation d'un endroit à la fois chaud et accueillant tout en étant empreint d'une certaine solennité.

C'est là qu'Aurore m'avait donné rendez-vous. Il était question que je puisse la rencontrer, elle et d'autres amies lesbiennes, afin de parler de mon « sujet d'étude ».

Aurore m'avait ouvert la porte de cette bâtisse, et je me tenais en face d'elle à boire un thé vert tout en devisant de tout et de rien.

– Les autres vont arriver, m'avait-elle dit.

J'attendais.

Aurore était une belle jeune fille, très grande, à la démarche un peu chaloupée. Elle lissait régulièrement ses cheveux blonds d'une main nonchalante.

– Je vous joue un air de piano ? me dit-elle.

Je fus surpris par cette proposition, mais il était plus agréable d'attendre ainsi.

Elle s'installa devant le clavier, ferma les yeux et interpréta avec subtilité l'étude *Révolutionnaire* de Chopin. Elle jouait admirablement bien. Ses longs doigts caressaient les touches avec une telle délicatesse que l'on aurait pu vouloir devenir morceaux d'ivoire sur-le-champ.

Je lui dis combien j'avais apprécié ce moment musical, mais lorsqu'elle voulut entamer un nouveau morceau de son répertoire, on sonna à la porte. Les autres arrivaient.

Il y avait quatre femmes : Nora, Myriam, Nina et Marie-Claire. Elles se présentèrent avec de grands sourires et je devinais que ce qui les faisait rire était les pseudos qu'elles avaient choisis.

Une sensation de fraîcheur envahit la pièce. Elles portaient toutes des parfums aux odeurs marines, et j'eus l'impression, soudainement, de me retrouver dans une ville méditerranéenne.

Pourtant nous étions dans une demeure de banlieue à Rueil-Malmaison !

Lorsqu'elles furent toutes installées autour de moi, leur thé vert à la main, je me rendis compte que je me retrouvais souvent dans cette situation : une assemblée de femmes acceptant de parler de leur sexualité… et moi au milieu d'elles !

J'en éprouvais une fierté certaine. J'étais un homme privilégié, à qui les femmes faisaient confiance ! Cela restaurait mon ego et m'investissait d'une responsabilité que je voulais tenir avec brio.

Je commençai la conversation en leur parlant de mes visites fréquentes sur le site Beautiful Agony et, surtout, je leur fis part de cette conclusion particulière autour du remerciement.

– Oui, dit Myriam, l'orgasme est une gratitude. Mais il faut être clair, nous ne remercions aucun Dieu lorsque nous jouissons. Dieu n'a rien à faire là-dedans. Il s'agit de notre corps, de notre jouissance. Elle nous appartient en propre…

– S'il fallait remercier quelqu'un, continua Nora, c'est bien nous-mêmes… ou l'autre, notre partenaire. C'est grâce à ma compagne sexuelle que je peux jouir, quand elle est là, ou fantasmer si elle est absente. Merci l'autre, je dirais !

– Nous sommes lesbiennes, surenchérit Nina, et cela nous donne une certaine sensibilité par rapport à la femme. Nous, on ne dépend pas de l'homme pour éprouver des choses fortes sexuellement. Nous ne dépendons pas du pénis. Mais cela ne veut pas dire que nous n'en avons pas envie de temps en temps. Alors on le remplace par un gode ceinture ou un concombre ou autre chose. Nous avons compris que ce n'est pas le pénis qui est important, mais l'idée du pénis ! Vous saisissez la différence ?

– Je crois, oui, répondis-je.

– Cette histoire de remerciement, continua Nina, je veux bien l'entendre, mais remercier peut être aussi : accepter d'être en soumission du désir de quelque chose d'extérieur à soi. Notre lesbianisme est le refus de cette soumission. Toute lesbienne est une militante, qu'elle le veuille ou non, et si nous remercions quelque chose en jouissant, c'est ce qui nous permet d'être libres ! De plus en plus libres !

– Oui, confirma Marie-Claire, nous remercions ce qui nous permet la liberté. Nous voulons être loin des codes, des coutumes, de toutes ces petites mesquineries qui nous cantonnent dans des espaces fermés et minoritaires. Nous ne sommes pas une minorité. Nous sommes une identité. Et chaque jouissance d'une lesbienne est un chant d'amour à cette identité-là !

– Comme vous le voyez, dit Myriam, nous sommes très lyriques ! Mais c'est cela le lesbianisme : une alliance de lyrisme et de réalité sociale !

Aurore était dans son coin et observait notre conversation avec une moue malicieuse. Je n'arrivais pas à savoir à quoi elle pensait et si elle partageait vraiment les propos de ses amies.

Nina reprit la parole :

– Moi, je suis lesbienne depuis longtemps. Dès l'enfance, je me suis sentie attirée par les filles. À l'école primaire, je les draguais en leur faisant des clins d'œil. J'ai été violée dans mon enfance, et, adolescente, j'ai essayé de sortir avec des hommes, mais je voyais bien qu'ils ne m'attiraient pas. Rien que de les embrasser, ça me révulsait ! Donc je me suis tournée définitivement vers les femmes !

– Vous avez toutes eu des aventures ratées avec les hommes ? demandai-je.

Elles se regardèrent. Je sentis passer un voile de tristesse devant les yeux d'Aurore. Visiblement, elles avaient déjà plusieurs fois parlé de cela ensemble.

– Moi, dit Myriam, j'ai vécu trois ans avec un homme. Cela s'est bien passé, mais ce n'était pas mon truc. J'ai du mal avec les chaussettes qui traînent, les ronflements et les soirées de foot avec les copains.

– Tu sais, lui répondit Nora, moi, je ronfle et j'adore le foot !

– Oui, mais toi c'est une exception, ma chérie.

– J'ai essayé avec les hommes, poursuivit Nora, et comme Nina j'ai été violée. Mais ne concluez pas que toutes les lesbiennes ont été abusées ou violentées, ce serait réduire notre choix de sexualité à une attitude réactive. Je trouve qu'une femme comprend mieux une femme, voilà, c'est tout !

Marie-Claire continua sur le sujet :

– J'ai vécu avec deux hommes ! Oui, oui ! un ménage à trois. Ce fut une belle expérience, mais elle fut surtout intellectuelle car jamais je n'ai eu d'orgasme, même lorsque nous faisions l'amour tous les trois. Et puis, un jour, l'un de mes compagnons amena une fille, et ce fut la révélation ! J'ai passé une nuit exceptionnelle ! J'ai joui comme une folle ! (Elles pouffèrent toutes les cinq.) Ça n'arrêtait pas. Dès qu'elle me léchait le clitoris, dès qu'elle glissait ses doigts à l'intérieur de moi, c'étaient des spasmes à n'en plus finir. Dès lors j'ai compris. J'ai quitté mes deux hommes et je me suis installée avec elle.

Et nous sommes toujours ensemble. Depuis sept ans maintenant !

Nina dit :

– La première fois avec une femme, ça s'est mal passé, il faut bien l'avouer ! Elle avait trente-neuf ans et moi vingt-deux. Elle m'a pénétrée avec son doigt, dont l'ongle était long. Pourtant je mouillais énormément ! mais ça m'a fait mal, et j'ai éprouvé de la souffrance et pas du plaisir. En fait, j'étais plus excitée par la situation que par elle. Je lui ai dit, et elle m'a giflée car elle ne comprenait pas que j'accepte de faire l'amour avec elle. Depuis j'ai rencontré quatre femmes qui ont vraiment compté dans ma vie ! C'est pas mal, non ?

C'est Myriam qui poursuivit :

– Vous nous rencontrez parce que vous voulez savoir ce qu'est le plaisir féminin. Mais croyez-vous que nous le sachions nous-mêmes ? Ce n'est pas parce que nous sommes lesbiennes et libérées que nous avons trouvé le truc !

» Si on a un secret à vous transmettre, c'est : fais selon ton désir ! Pas vrai les filles ?

Elles acquiescèrent en riant. Il y avait une atmosphère extrêmement joyeuse. Je me sentais bien avec ces jeunes filles. Le fait de ne pas avoir d'ambiguïté relationnelle apaisait la situation. Je voyais dans leur comportement combien chaque mot, chaque mimique était destinée aux autres. Je n'étais qu'un intermédiaire leur permettant de se dire des choses les unes aux autres au sujet de leur sexualité.

Marie-Claire, qui avait un corps de danseuse, s'exprimait en virevoltant dans la pièce. Elle me faisait penser à Ysé au *Café des Arts* à Nice.

– Vous savez, dit-elle, si vous voulez apporter quelque chose d'un peu neuf au sujet, il faut vous pencher vers ce qui est encore tabou dans notre société.

– Et qu'est-ce ? demandai-je.

– Monsieur le sexothérapeute ne sait pas ça ! me dit-elle avec un air narquois.

– Je suis psy, pas sociologue, risquai-je.

– Eh bien, en dehors du beau lesbianisme dont nous sommes les dignes représentantes…

Elles firent, y compris Aurore toujours muette, une révérence très XVIIIe siècle.

– … il y a les femmes fontaines, bien sûr !

– Oui, j'en ai entendu parler, dis-je.

– Vous voyez que vous savez des choses !

Nina reprit la parole :

– C'est un mystère, car personne n'a une explication juste. Pendant longtemps, on a cru que c'était une légende ou l'invention d'un esprit facétieux. Moi, je suis la preuve que ça existe !

– Toi ! dirent-elles en chœur.

– Oui, j'ai découvert ce truc en me masturbant. Un jour, juste avant un orgasme, j'ai eu comme une forte envie d'uriner, et je me suis dit : « Tant pis ! C'est trop bon ! » et hop ! c'est parti. Plusieurs jets inouïs et une sensation violente qui n'arrêtait pas. J'ai joui plusieurs fois sans m'arrêter. Maintenant je peux le vivre avec mon amie et c'est absolument génial. Il n'y a rien de plus fort que ça. On peut s'évanouir tellement c'est…

Elle cherchait le mot.

– … éblouissant ! Comme un nuage blanc dans lequel je me noie !

Le mot « éblouissant » semblait leur parler à toutes.

– Trop bien ! dit Myriam. Moi, mon kif, c'est de savoir ce que les hommes ressentent quand ils éjaculent dans le vagin d'une femme. Alors éjaculer comme Nina, ça doit être le bonheur !

– Je confirme, dit Nina.

– Vous voyez ce qu'il vous reste à faire ! dit Nora. Prenez votre bâton de pèlerin et allez à la rencontre des femmes fontaines. Il y a la révélation au bout du chemin ! Bon, on y va les filles !

Ce que j'avais pressenti en parlant avec Annelolotte se confirmait ici. Il me fallait trouver des femmes fontaines !

Elles furent rapidement dehors. Quelques bises à la volée et voilà !

Je restai seul avec Aurore.

– Vous n'avez rien dit, pourquoi ?

– Tout cela est un peu trop intime pour moi, dit Aurore. Je ne me reconnais pas dans ces questions. Oh ! ce n'est pas vous ! Je comprends que vous ayez envie d'en savoir un peu plus sur nous, les femmes, lesbiennes ou non. Moi, je ne désire pas ma compagne que sur le plan sexuel.

» Je crois que dans la relation purement lesbienne, et je ne suis pas la seule à penser cela, il y a énormément de sentiments d'ordre « platonique », profonds, et cela me rend pudique… Je ne le suis pas dans ma sexualité, mais je n'ai pas envie d'étaler tout, même avec mes meilleures copines.

» En fait, je suis une fusionnelle, et beaucoup d'entre nous le sont. Je suis dans une vraie construction de couple avec Anne, mon amie, avec un désir de fonder une famille. Nous sommes dans la sensualité de la relation, dans sa sentimentalité profonde.

» Nous n'oublions pas le côté charnel, mais il n'est pas au centre de nos préoccupations. Parce que mon orientation sexuelle n'est pas un choix mais une évidence que je porte en moi depuis le plus jeune âge ! Voilà, cher monsieur…

Elle glissa ses yeux dans les miens, me fit un sourire mêlé de nostalgie et d'espièglerie.

Elle se remit au piano.

– Au revoir ! dit-elle.

Je sortis, accompagné par les arpèges de la *Barcarolle*, de Chopin.

Sur le perron, je croisai une femme blonde. Elle était petite, et son pas vif en rentrant dans la maison laissait entendre qu'elle avait hâte de retrouver Aurore.

Je venais, sans aucun doute, de croiser Anne.

Dialogue avec Rosemonde Pujol

Mais il ne suffit pas de posséder un jardin pour savoir le cultiver. Qui donc enseignera l'art du clitoris comme on enseigne l'art des jardins ?

ROSEMONDE PUJOL

Voici donc que s'ouvrait devant moi la perspective d'une recherche sur les femmes fontaines ! Je restais aussi avec la sensation de la présence triste et affirmée d'Aurore.

Comme souvent après des rencontres et des échanges, mon esprit s'embrumait. Il aurait été tellement plus simple de m'interroger sur un problème mathématique ou une recherche ethnologique. Là, je me situais (ou plutôt j'essayais de me situer !) dans un monde multiple où j'avançais à vue sans avoir de plan préconçu. Et, à ce moment de ma quête, je me rendais compte que j'aimais cela !

À vrai dire, je m'apercevais que c'était parce que je travaillais sur le désir féminin que j'avançais ainsi. Le sujet même de mon travail suggérait cette forme singulière d'investigation.

C'est à ce moment-là que je reçus un coup de fil de Rosemonde Pujol. Elle était, à quatre-vingt-neuf ans, comme un phare pour beaucoup de femmes dans ce monde de la libération des mœurs et des idées.

Elle avait œuvré en tant que journaliste, et son livre sur le clitoris faisait grand bruit ! Pensez donc ! Une femme de cet âge qui osait parler du plaisir et de la masturbation !

Elle m'appela donc. Elle avait eu vent de mon projet par ce brave Alki Nioos et souhaitait m'aider dans mon « entreprise courageuse ».

Nous parlâmes ensemble une grande heure. Je me rappelle encore ses éclats de rire et cette impression de vivacité à son écoute. Elle semblait prête à une mutinerie immédiate. Il suffisait de lui donner une seule bonne raison pour cela. Et des bonnes raisons, il y en avait !

– Vous savez, me dit-elle, j'ai connu la discrimination dès mon plus jeune âge. J'étais ingénieure et je me suis retrouvée dans un atelier chez Philips. J'avais deux fois moins de salaire que les hommes du même niveau d'études, et on me faisait comprendre que je n'avais qu'à apprendre à gravir les échelons. C'est toujours plus difficile pour une femme dans le monde du travail. N'oubliez pas que vous êtes un homme, mon cher petit monsieur, et que vous agissez avec une fascination toute masculine ! Moi, je pense qu'il ne suffit pas de se mettre essentiellement du point de vue du sexe. Il faut aussi travailler avec les chiffres. Les chiffres parlent ! Ils disent où nous en sommes du rapport aux femmes et au sexe !...

J'écoutais Rosemonde Pujol avec attention. Elle était dans son Gers et moi dans mon Essonne, et pourtant une certaine intimité s'était rapidement installée.

Cette femme de quatre-vingt-neuf ans m'apportait sa sensibilité et son savoir avec la délicatesse d'un papillon. Elle avait traversé le siècle, et j'étais ému à l'idée qu'elle voulait m'aider.

– Le monde est pluriel, monsieur Borda. Il est profondément ouvert comme une rose et nous autres, les femmes, n'en avons pas encore profité ! Vous ne pouvez pas vous rendre compte à quel point les lois des hommes nous ont muselées et tyrannisées ! La loi de 1920 sur les femmes mariées nous assimilait à des handicapées mentales, comme toutes les lois des trois Dieux uniques ! Bien sûr, les choses ont bougé, mais depuis si peu de temps ! La loi du 13 juillet 1965 s'est faite dans un hémicycle quasi vide. Heureusement, car elle nous donnait enfin le droit de ne plus dépendre de nos maris, de pouvoir ouvrir un compte en banque seule, d'avoir un métier… Car sans la possibilité d'une autonomie financière, il ne peut y avoir d'autonomie sexuelle !

» Je me suis forcée à écrire mon livre sur le clitoris. Je n'en avais pas franchement envie, mais il le fallait ! Il fallait dire et surtout informer car, sans l'information juste, nous ne sommes rien. Et l'information, c'est l'inverse du commérage.

» Je suis une femme libre. J'ai lutté toute ma vie pour cela. Pas de parti ! Pas de religion ! Pas d'association ! Juste mon corps et moi ! Libre sur cette terre pour essayer d'être la moins rentable possible pour cette société machiste et vulgaire !... Je vous choque ? Vous vous attendiez à entendre les récriminations d'une petite mamie ?

– Non, madame, je suis très heureux de vous écouter, de dialoguer avec vous…

– Et pourtant je suis vieille, même très vieille ! Je suis allée à l'hôpital la semaine dernière et j'ai vu comment on nous empêche d'être autonomes ! J'ai dû m'enfuir une fois les soins administrés ! M'enfuir comme une voleuse pour ne pas être instrumentalisée ! Rentabilisée ! L'hôpital, c'est une horreur !

» Mais je garde le désir intact ! Le corps, lui, il est en ruine, c'est sûr, une machine qui a de nombreux ratés, mais mon cerveau fonctionne et c'est le lieu, le siège du désir ! Les chairs ne sont plus jeunes, mais le clitoris, lui, il reste là ! Disponible et souverain ! Il est comme quand j'avais vingt ans et il me procure les mêmes joies !

» Je suis une poussière d'atome. En ce moment je vois les poussières des rayons de soleil. C'est cela que je vais devenir… mais le désir sera toujours là ! Au-delà du corps ! Le désir, le plaisir… voilà notre immortalité !

J'étais stupéfait et admiratif d'entendre cette femme parler de son plaisir avec autant de fougue et de revendication.

Cette puissance de vie qui l'animait passait par une révolte nécessaire et l'affirmation d'un désir pris en compte dans sa vivacité présente.

Pas de nostalgie. Une certitude. Celle que son corps lui délivrait dans son présent incarné.

– Une femme peut imaginer le plaisir d'un homme, continua-t-elle, mais pas l'inverse. Vous courez après des fantômes que vous ne rattraperez jamais ! Car la femme est neuronale et l'homme mécanique. Vous pouvez décrire et comprendre les rouages d'un mécanisme quel qu'il soit, mais pas celui d'un univers neuronal si proche des étoiles ! La femme est dans l'épanouissement, et on va vers lui, il s'ouvre au fur et à mesure que l'on avance vers lui. Alors, comment voulez-vous saisir cela ? C'est une musique qui n'en finit pas et qui tente de toujours tout dire, mais elle ne le peut pas ! On ne peut pas tout dire ! Et la jouissance des femmes est en chemin vers ce tout absolu, infini, inaccessible pour les hommes ! C'est notre superbe revanche ! C'est la victoire des mondes roses sur les mondes charbonneux !

» Ne m'oubliez pas dans votre voyage. Pensez à moi.

» Car le désir est une émotion et l'émotion est la vivacité du cerveau. Et mon cerveau est vivant ! Vivant !

Elle éclata de rire, m'envoya moult baisers et raccrocha.

La nuit, je rêvai d'elle.

Rosemonde Pujol était là, flottant dans les airs, atome de désir au milieu des étoiles. Au loin, dans mon rêve, j'entendis le long hennissement d'un cheval.

Sauvageries féminines
(« Les pensées d'Ulysse IV »)

Plus on s'approche de l'essence des femmes, plus celle-ci disparaît – substance insaisissable qui s'évanouit au fur et à mesure que l'on progresse vers elle.

DOMINIQUE QUESSADA

Je repense aux propos de Nina au sujet des femmes fontaines.

Je lis des témoignages et les propos de spécialistes et il semble, en effet, que je me trouve face à une énigme. Peut-être est-ce là que va se délivrer, pour moi, la révélation que j'attends.

Ce qui semble en jeu, c'est la question de la « sauvagerie » féminine car, dans ce phénomène de fontainisation, il y a comme une violence tapie, contenue qui, soudain, s'exprime et se délivre.

Les femmes parlent de désir réfréné, de jouissance contenue. Comme si elles cherchaient encore, dans leur sexualité, à correspondre à un modèle comportemental où elles doivent être propres, agréables et, surtout, laisser entendre à l'homme que sans lui il n'y aurait pas de plaisir !

C'est sans doute pour cela que la masturbation féminine reste encore un tabou.

En lisant les témoignages des femmes fontaines qui vivent mal cette particularité, j'ai la sensation que ces femmes ont enregistré l'idée que l'orgasme féminin se doit d'être léger, à peine audible. Elles doivent être immobiles, ne pas transpirer. Et elles disent que les cris et les exultations ne sont finalement que ceux des actrices de films pornographiques… et qui, visiblement, simulent !

En revanche, lorsque la fontainisation est bien vécue (ou acceptée par le ou la partenaire), c'est bien la notion de tumulte qui revient.

La fontainisation est décrite comme une émotion insoutenable, explosive. Il s'agit d'un chaos interne où la femme semble affamée d'elle-même et de ses capacités de jouissance.

Une femme qui jouit en fontaine est comme un animal indompté qui accepte d'être déconcerté par ce qui se met en œuvre à l'intérieur de son corps et qui s'extériorise de manière spectaculaire et tonitruante.

Cette image de la femme sauvage est dérangeante pour les hommes et la société en général, car elle renvoie à une dimension de la sexualité très païenne et très archaïque.

Selon la psychanalyse, parler et se faire comprendre, c'est être sorti du complexe d'Œdipe, avoir rompu avec la fusion originelle avec la mère. C'est entrer dans un monde masculin et en accepter les règles.

Cette idée mise en place par Freud et intégrée dans nos inconscients et nos comportements, avant lui et depuis lui, laisse entendre que notre sexualité se doit d'être conditionnée à des attitudes claires et à des objectifs simples et non répréhensibles comme l'accès naturel au plaisir.

Ce que « disent » les femmes fontaines, c'est qu'il y a un ravissement possible, qui est de l'ordre du prélangagier et qui a à voir avec le glapissement, le cri, le sanglot, le rire, le hurlement, l'irrationnel… Ce plaisir-là ne peut se résoudre aux études anatomiques et aux discours médicaux. Il n'est pas au-delà du plaisir, il est en deçà, situé dans un monde obscur et déconcertant pour nos compréhensions discursives, morales et convenues.

La femme fontaine est indomptable.

Elle est aussi incompatible.

Incompatible avec les représentations policées de la sexualité féminine.

Incompatible avec la bienséance.

Incompatible avec la morale judéo-chrétienne.

Incompatible avec l'ordre.

La femme fontaine, c'est un désordre qui s'exprime et qui remet en cause la bonne marche d'une sexualité purement hygiéniste.

Il est étonnant d'écouter les propos d'hommes et de femmes surpris et dérangés par le « phénomène ». Ils trouvent cela sale, peu conforme à ce qu'ils pensent de la sexualité humaine.

Ils laissent même entendre une malformation ou une erreur de la nature.

Pourtant les études confirment qu'il ne s'agit pas d'urine, mais d'un liquide fortement chargé en calcium et qui est indolore et inodore.

Ce qui dérange, c'est la profusion. Autant on peut accepter une femme qui mouille beaucoup, autant ces jets parfois puissants et incontrôlés et cette quantité de « liquide » pouvant aller jusqu'à un demi-litre dérangent et inquiètent.

Ce qui est étonnant à constater, c'est comment les femmes qui vivent cela parlent ensuite d'une sensation d'ouverture leur donnant la possibilité de déflagrations multi-orgasmiques après la première « éjaculation » !

Quelque chose se dit ici qui a à voir avec une notion de liberté dans ce qu'elle raconte d'un état de nous-mêmes où nous ne sommes plus soumis à des images figées auxquelles nous nous devons de correspondre à tout prix !

On parle d'« éjaculat féminin ». Certes, on peut rester sceptique face à une formulation très masculine concernant un phénomène typiquement féminin. Mais, au-delà de cela, personne ne peut avancer une théorie définitive. Certains parlent d'une prostate féminine qui pèserait cinq grammes et qui serait l'autre appellation des glandes de Skene. Si c'était le cas, elle ne pourrait pas émettre tant de liquide, parfois.

D'autres avancent des théories qui ne sont jamais vérifiables. Et la femme fontaine continue de rester mystérieuse.

L'option de l'incontinence urinaire a encore quelques beaux jours devant elle et des femmes sont opérées pour cela.

Une manière de tenter de museler le « problème » en le mettant du côté du pathologique.

En me documentant sur le sujet, je m'aperçois que, ce dont parlait Pascale, c'était sans doute de cela. Cette connexion particulière avec des lieux de soi sur lesquels le discours a peu de prise. Elle devait être femme fontaine sans m'en avoir parlé ouvertement. Et, tout à coup, la nature bouleversante de son récit refait surface.

Lorsque je parlai avec Rosemonde Pujol des vertus du clitoris, cet organe oublié et méprisé, je me rendis à l'évidence de son rôle fondamental dans la jouissance féminine. Mais ce que raconte la possibilité de fontainisation chez les femmes, c'est bien le lien et l'alliance de toutes les dimensions potentiellement jouissives d'une femme : vagin, clitoris, anus et… âme !

Il y a comme une complétude qui se raconte.

Un état de femme au-delà de la Femme et proche d'une correspondance avec la nature dans ce qu'elle a de plus originel.

Nous avons voulu croire à une sexualité féminine qui serait en creux, en réception, en attente, en acceptation…

Elle se dessine en jaillissement !

Toutes les femmes sont donc, potentiellement, fontaines. Si elles le deviennent par une autre éducation à la sexualité (qui se fera, n'en doutons pas, de femme à femme !), ce sera une révolution étonnante.

Cela veut dire aussi que les femmes n'ont pas encore commencé à jouir !

Il me faut continuer à aller à la rencontre. Parler, interroger, me laisser émouvoir.

Trouver le chemin pour croiser des femmes fontaines et laisser leurs mots et leurs émotions me pénétrer.

Au plus juste de moi-même. Au plus profond.

L'histoire d'une femme fontaine

En jouissant, elle me demandait s'il était possible de jouir autant de fois à la suite. Elle jouissait et je la regardais. Pouvait-elle me donner une preuve d'amour plus évidente ?

OLIVIER BORDAÇARRE

Pour rencontrer des femmes fontaines, il me fallait trouver des contacts simples et directs. Passer par des sites Internet ne me semblait pas être la bonne solution. Trop d'incertitude et d'aléas et surtout trop de temps avant d'être sûr d'être en présence de ce que je cherchais. Mais qu'est-ce que je cherchais ? L'émotion. Je voulais être secoué, remué, décontenancé.

Il me vint l'idée de reprendre contact avec Brigitte Lahaie. Après tout, une émission comme la sienne permettait de toucher un nombre important de personnes ! Je contactai Ariane. Je fus reçu avec le meilleur accueil.

– Une émission sur les femmes fontaines ! Pourquoi pas ? C'est une bonne idée ! J'en parle à Brigitte et je vous rappelle…

Une semaine plus tard, j'étais à l'antenne, drapé de l'étole du spécialiste, à dialoguer avec Brigitte Lahaie et, surtout, avec des auditeurs et des auditrices venus parler *du* sujet.

Ce furent deux heures étonnantes, où je retrouvais les éléments que j'avais commencé à explorer de manière théorique, mais, cette fois-ci, de vraies personnes me parlaient. Ce furent des hommes fascinés ou dégoûtés, des femmes heureuses ou perturbées. Des couples ne sachant que faire de ces inondations, d'autres se délectant de ces vagues de plaisir inouï. Mais, chaque fois, j'étais persuadé de l'évidence d'être face à un prodige.

À un quart d'heure de la fin de l'émission, quelqu'un appela en disant me connaître. J'entendis une voix, comme lointaine.

– Je m'appelle Mia, dit-elle.

Elle expliqua à l'antenne combien elle était femme fontaine. Elle avoua un plaisir inégalable depuis.

Il fallut arrêter son flot de paroles. D'autres auditrices voulant aussi s'exprimer.

Je demandai à ce qu'on me garde son numéro de téléphone et dès que je sortis de l'émission, je l'appelai.

– Je voudrais vous raconter ma vie, dit-elle.

Je sentis une intonation nouvelle au plus profond de sa voix. Une nuance que je n'avais pas perçue au cours de l'émission.

– Pourquoi me raconter votre vie ? Je cherche des réponses sur le terrain de la sexualité et j'enquête sur les femmes fontaines maintenant !

– Je suis une femme fontaine, dit Mia, et même une sacrée !! Et je crois que c'est bien que vous compreniez d'où je viens pour saisir qui je suis… Ne cherchez plus, Ulysse, vous avez trouvé votre héroïne !

Que dire après une telle assertion !

Nous décidâmes de nous voir.

Elle me donna rendez-vous à la gare de Grenoble.

À la descente du train, je la « reconnus » tout de suite. Son corps et sa voix se mariaient parfaitement ! Elle n'était que paradoxes. Solide et fragile. Fougueuse et tempérée. Incarnée et éthérée.

Mais avant toute chose : belle et belle !

Nous nous retrouvâmes dans un bar. Elle commença à me raconter sa vie :

– Il faut que je commence depuis le début pour que vous compreniez bien, monsieur Borda. Je suis née en 1975 dans une maternité en Bretagne. J'avais à peine cinq jours lorsque ma mère et moi sommes parties rejoindre ma sœur et mon père, qui étaient à Amsterdam. Mon enfance jusqu'à mon entrée en sixième fut mouvementée. Mon père était militaire, très haut gradé, et nous devions déménager tous les deux ans, toujours sur des bases militaires de pays en conflit. Irlande du Nord, Pakistan, Liban… Je ne pouvais pas avoir de relations suivies avec des amis. Je vivais en permanence dans une ambiance militaire. Nous étions toujours sur le qui-vive. Mon père était extrêmement violent. Son unique méthode d'éducation reposait sur les coups, les brimades et un sens exacerbé de la responsabilité.

» Tout était contrôlé : les devoirs, les notes, les tenues vestimentaires, la rigueur, la participation aux tâches ménagères… Nous étions sous la coupe de mon père. Il était un vrai dictateur et les sanctions allaient bon train : coups de ceinture, gifles, fessées, verres d'eau ou de vin dans la figure, menaces, cris… En fait, je peux dire que je n'ai pas eu d'enfance !...

Mia prit un temps pour boire une gorgée de son café qui refroidissait. J'attendais en n'osant pas la regarder directement dans les yeux. Je tournais un peu la tête, observant les décorations aux murs. Les scènes de chasse moyenâgeuses côtoyaient des portraits de vaches ruminantes…

Je sentais la tristesse et la colère au travers du récit de Mia.

– Pour mon entrée en sixième, nous nous étions mises d'accord, ma sœur et moi : nous irions en pension et en France ! Nos parents pourraient déménager autant de fois qu'ils le souhaiteraient et aller visiter tous les pays en guerre du monde. Nous, nous serions loin d'eux et peut-être le bonheur pourrait venir montrer son petit bout de museau ! C'était sans compter sur le type d'établissement que nous trouverions. Nous sommes entrées en pension fermée dans un établissement militaire et dit « semi-disciplinaire » de filles, uniquement tenu par des sœurs.

» Ambiance stricte, travail, travail et encore travail…

» J'y suis restée jusqu'en terminale. J'ai peu de bons souvenirs du pensionnat. À la limite, le seul bon souvenir est d'avoir vécu près de sept ans sans quasiment voir mes parents et… surtout mon père !

De nouveau, Mia suspendit son récit. Visiblement l'évocation de la figure autoritaire de son père provoquait en elle des tourments profonds.

Je m'attendais presque à la voir pleurer.

Elle reprit son souffle et continua :

– J'ai eu mon bac à seize ans et demi. L'année du bac fut compliquée, car mes parents étaient là et j'ai dû passer mes vacances d'été avec eux. J'ai quand même eu l'autorisation, pour fêter ma réussite, d'aller voir un concert de U2. Ce fut un événement considérable pour moi, car les seules sorties que je connaissais jusqu'alors étaient les séances de cinéma avec les copines l'après-midi. J'avais l'ordre de rentrer à minuit. Je suis arrivée essoufflée à minuit deux et le courroux de mon père a été sans précédent ! Il fut violent et me traita de pute. Cette nuit-là, je décidai de fuguer.

» Je suis partie aux États-Unis dans des conditions compliquées et difficiles. J'ai réussi à entrer et je me suis retrouvée d'un coup face à des responsabilités nouvelles pour moi : se loger, manger, vivre…

» J'ai rencontré des filles extraordinaires qui m'ont accueillie et aidée. Très rapidement j'ai appris à survivre comme elles : j'ai vendu mon corps ! Les paroles de mon père résonnaient toujours dans ma tête ! Il avait raison ! J'étais une pute ! Pendant huit mois, j'ai rencontré des hommes beaucoup plus vieux que moi qui m'emmenaient dans des endroits bizarres. Après les premiers moments d'argent facile et de tournis, je me suis rendu compte que je ne pouvais pas bâtir ma vie là-dessus. Après des péripéties dont je vous passe les détails, je suis devenue fille au pair en Virginie-Occidentale… Un grand changement après New York, mais un changement salutaire qui me permit de vivre une vie normale. C'est à ce moment que je me suis rendu compte de l'imprégnation en moi de la culture paternelle ! Je me suis mise à remplir des dossiers pour pouvoir poursuivre mes études. J'ai commencé à vouloir réussir, entreprendre… Je suis rentrée en France, j'ai passé un DUT par correspondance… et j'ai rencontré mon premier mari ! Une erreur terrible, car j'ai cru retrouver mon père ! J'ai eu un cancer de l'utérus, dix-huit mois de dépression, une perte de travail… Les galères reprenaient !

» Et puis il y a eu ma rencontre avec Bérengère. Elle m'a beaucoup parlé, m'a accueillie au Vagin Center, à Lille. Je me suis refait une santé car j'étais très affaiblie. J'ai fait une thérapie avec Alki Nioos. Je crois que vous les connaissez tous les deux ?

– Oui, dis-je.

– Alki Nioos est un thérapeute un peu spécial, mais il m'a aidée à comprendre beaucoup de choses. Il m'a surtout fait accepter ma féminité réelle, et j'ai pu, grâce à cela, rencontrer mon mari actuel que j'aime plus que tout ! Je dois beaucoup à Alki et à Bérengère, que je revois de temps en temps pour des « soirées spéciales ». Au cours de ces soirées, nous parlons beaucoup de nous entre nous. Ça fait du bien ! Mais, ça, vous connaissez !

Elle me regarda. Le léger sourire de connivence qui illumina ses lèvres me dérida. J'osai lui effleurer la main.

– Cela n'a pas dû être facile de construire une sexualité au milieu de toutes ces aventures !

– Ma vie sexuelle a démarré à l'arrache ! Vite fait à seize ans, car ce n'était pas facile de trouver des instants de liberté en pension. Mon dépucelage a été une espèce de passage obligatoire. Minable. Pas un mauvais souvenir. Pas un bon non plus. À New York, je n'ai jamais pris de plaisir, mais je ne l'ai pas mal vécu. C'était un boulot, juste un boulot… Certes il impliquait un investissement physique de ma part, mais c'était juste un boulot, rien de plus.

» Ma vraie vie sexuelle a véritablement démarré quand je suis revenue en France. Ma colocatrice était une fille super-libérée, elle avait des « potes de baise ». J'ai beaucoup discuté avec elle, de New York, de la honte… Je pensais ne pas être normale sexuellement. Elle pensait le contraire. Elle était vraiment géniale et m'a beaucoup aidée à remonter la pente. Nous avons habité ensemble pendant deux ans. Nous étions spécialistes des boîtes de nuit un peu classe. On mettait le feu dans tous les endroits où l'on passait. On allumait les mecs, on passait des soirées superbes !

Mia me regarda. Un nouveau voile passa devant ses yeux.

– Je reprendrais bien un autre café, dit-elle. Et vous ?

– OK D'ailleurs je n'ai pas beaucoup dormi cette nuit…

– Trop abusé de votre corps ?

– Non, trop lu !

Elle sourit.

– Je ne vous embête pas trop avec mon histoire ?

– Non, je suis plus qu'intéressé par ce que vous me racontez. N'oubliez pas que mon métier est justement d'écouter les autres…

– Mais je ne suis pas une de vos patientes !

– Je sais. Je sais.

– Alors, je reprends ; j'en étais aux boîtes de nuit. Ah oui ! C'est à cette époque que j'ai découvert que le plaisir est un truc de fou. Quand on y a goûté, on veut y revenir tout le temps ! Avec mon amie, on comparait nos expériences, on se donnait des conseils… Ce qu'on voulait, c'était apprendre à être détendues, relax.

» On avait saisi le machin ! Tous ces hommes nous ont aidées à connaître notre plaisir et le leur.

» Maintenant, avec le recul, je sais que ce que nous appelions plaisir à l'époque n'était en fin de compte qu'une grande excitation.

» J'ai perdu cette amie. Je ne sais pas ce qu'elle est devenue. Il me reste l'odeur de son parfum…

» Et puis il y eut la découverte du plaisir ! Du vrai ! Enfin ! Celui que je n'ai pas oublié pendant près de douze ans ! J'avais rencontré un garçon, par hasard, au boulot. Il avait craqué sur moi en me voyant dans le journal interne de la boîte. Je le rencontre au cours d'une soirée et… je ne peux pas dire que ce fut le coup de foudre !

Mia s'arrêta pour demander un autre café. L'évocation de ses souvenirs la rendait nerveuse. Et elle tentait de calmer sa nervosité en buvant du café !

Quant à moi, j'écoutais. Je pressentais que l'histoire allait déboucher sur un ou plusieurs moments magiques ou surprenants. Ce pour quoi j'étais là, finalement…

– Où en étais-je ? Ah oui ! cette soirée… Ce fut bien, sans plus. J'ai discuté avec le garçon en question, nous nous sommes découvert des points communs et je me suis retrouvée chez lui !

» Ambiance tristounette, appart bien rangé, pas très décoré… À cette époque-là, j'aimais les choses chatoyantes, plutôt orientales… mais il a mis une petite ambiance agréable avec un peu d'encens, des lumières tamisées… le truc de garçon, quoi ! Je ne sais pas pourquoi, mais je lui ai sauté dessus. Il a rapidement repris le contrôle, tout s'est passé avec beaucoup de tendresse dans les préliminaires, avec beaucoup d'échanges et le désir de faire plaisir à l'autre. Et là ! j'ai pris pour la première fois un vrai grand Pied de fou… un truc gigantesque ! Je ne peux pas vraiment le décrire, mais une force intense qui vient de l'intérieur du ventre, qui envahit tout votre corps jusqu'au bout des ongles et des cheveux : un bien-être incroyable… un moment intense, particulier, fort, haut en couleurs… et les odeurs ! Des odeurs partout !

» Nous sommes restés ensemble quelques mois. Chaque fois qu'on faisait l'amour, c'était une réussite incroyable ! Et puis il est parti… pour une autre… une ex…

» Après, je me suis mariée… le fiasco total… sexuellement néant… mon mari n'était pas hyper-fan de sexe. Huit ans. Je n'en pouvais plus. J'ai pris des amants. Trois, dont mon mari actuel… J'ai eu mon cancer de l'utérus… J'étais très, très malheureuse…

» Avec mon mari… celui de maintenant je veux dire… Ça va ? Vous arrivez à me suivre ?

– Oui, oui, pas de problème !

– Ah ! oui, c'est vrai, vous avez l'habitude d'écouter les autres. Alors voici la suite, monsieur le sexothérapeute : avec mon mari, ce fut un coup de foudre monumental !

Sexuellement le top ! La fusion ! En parlant, en fantasmant, nous sommes vite devenus libertins. Nous avons commencé par les clubs, le Net… Nous y avons très rapidement pris goût. Environ une année après notre rencontre, nous trouvons un couple dont la femme est fontaine. Je trouve ça dingue et j'ai du mal à comprendre comment ça peut exister. Elle m'explique et me montre. Elle essaie avec moi, mais rien ne se passe ! Je commence à me documenter, à lire tout un tas d'articles sur le sujet. Je voulais y arriver ! Cela me paraissait si intense, si différent ! Bref, un soir, je me dis que l'intellect, ça suffisait, et que j'étais prête à vraiment essayer ! Je me suis masturbée et je me suis concentrée, concentrée… d'une façon extraordinaire, sur moi, mon vagin, mon plaisir, ma jouissance qui venait… J'ai stimulé mon point G pendant une demi-heure au moins… et j'ai tout lâché ! J'ai eu un orgasme de folie en fontainisant ! Des litres ! Je n'exagère pas ! Quatre draps de bain y sont passés, sept ou huit torchons ! Incroyable ! C'était intense et différent ! Le septième ciel ! La muraille de Chine ! Marcher sur la Lune ! Un saut en chute libre ! Ce soir-là, j'ai compris beaucoup de choses et, surtout, l'importance de la masturbation pour apprendre à mieux se connaître. Car c'est pendant les « séances » de masturbation que j'ai appris à me concentrer sur mon plaisir, sur ce que je ressentais et sur les petits frétillements qui parcourent le corps pendant la phase d'excitation. Quand on se masturbe, on peut se permettre de complètement laisser les autres de côté, mais aussi la société, la morale…

Elle s'arrêta.
Elle regarda sa montre.

– Il me fallait vous raconter toutes ces choses parce que, si je vous parle seulement de ma fontainisation, je deviens une espèce d'animal de foire et je ne veux pas que vous pensiez cela de moi. Je crois être ce que toutes les femmes ont le droit d'être. Mais je n'y suis arrivée qu'à cause de mon histoire particulière, de ce parcours, de mon père, de mon cancer, de New York… c'est tout cela qui a fait de moi une femme fontaine !

» Est-ce que vous savez que dans l'Antiquité grecque et romaine on considérait l'éjaculation féminine comme un événement commun, banal, de la vie quotidienne. Les petites lèvres de la vulve, desquelles le fluide s'écoulait, étaient appelées la Nymphéa, ou déesse de l'Eau. Dans l'Inde antique, les femmes fontaines étaient considérées comme sacrées. Elles émettaient le nectar des dieux ! L'enseignement du tantra encourage les gens à boire ce liquide reconnu pour ses vertus assainissantes ! Dans la tradition taoïste, c'est la même chose au Japon, au

XVIe siècle, l'éjaculation féminine était célébrée et appréciée. Chez certains peuples indigènes, l'éjaculation féminine représente la capacité d'une femme à être à l'aise avec son côté masculin et désigne une femme libre et autonome possédant la totalité de son pouvoir et de son potentiel orgasmique !

» Alors nous comparer à des exceptions un peu bizarres et peu conformes, c'est ridicule, et profondément vexant !

Je sentais Mia se transformer en militante défendant les droits des femmes fontaines. Cela me fit sourire.

Je risquai une question :

– Pouvez-vous me décrire exactement comment ça se passe ?

– Vous voulez un cours d'anatomie, c'est ça ?

– Pas vraiment, mais je voudrais pouvoir me représenter les choses le plus précisément possible !

– OK ! Sachez tout d'abord que, pour moi, l'orgasme vaginal et la fontainisation sont intimement liés. On peut avoir des petites giclées avec des stimulations clitoridiennes, mais c'est surtout la puissance du déferlement vaginal qui accompagne les jets puissants et lointains ! C'est sacrément puissant et épuisant... Je peux avoir des courbatures pendant trois jours après une série de fontainisations ! Tous mes muscles sont en transe, les gens qui me regardent ont l'impression que je souffre, mais je ne souffre pas, je jouis ! Et je jouis à répétition ! Pas d'arrêt !

» Mais vous vouliez des détails précis ! Je vais essayer d'être la plus explicite possible ! J'espère que cela vous donnera satisfaction ! Tout d'abord, il faut être absolument détendue et être particulièrement en confiance avec son partenaire, ne pas hésiter à le ou la guider, à lui parler et, surtout, à bien se concentrer sur ce que l'on ressent. La concentration sur le plaisir désinhibe et fait oublier tout ce que la société véhicule de mal dans tout ce qui est sexuel.

» Je crois que le cunnilingus pour commencer est tout à fait approprié. En stimulant le clitoris, on fait venir la cyprine et puis, tranquillement, on rentre un doigt dans le sexe.

» L'endroit à stimuler est assez simple à trouver, il est environ à deux centimètres de l'entrée du vagin, côté ventre, quasiment juste derrière le clitoris. Il faut stimuler cet endroit, que l'on va reconnaître au toucher car il est plus poreux que le reste du vagin et il est assez réactif. Il fait comme un lapin avec sa petite bouche !

Je restai interloqué ! « Un lapin avec sa petite bouche ! »

– Je vous vois dubitatif, dit Mia. Pourtant je crois que l'image est bonne ! Il faut stimuler ce point très rapidement, car, quand on touche cet endroit, très fréquemment les femmes ont comme l'impression qu'elles vont avoir envie d'uriner. Mais il ne faut pas retenir, bien au contraire… c'est la preuve qu'on est au bon endroit !

» On appuie dessus d'avant en arrière très vite et il commence à grossir. Si l'on sent que l'excitation se relâche, on revient au cunnilingus pour de nouveau ressentir une grande excitation. Quand on revient au vagin, il faut mettre deux doigts pour pouvoir appuyer et caresser en même temps. On met le point G au milieu des deux doigts, et on appuie tout en continuant le va-et-vient. Au bout d'un moment, l'envie d'uriner devient très forte. Il faut la retenir tout en essayant de respirer calmement. Quand on n'en peut plus, on relâche tout, vraiment tout, ce qui va provoquer une contraction vaginale et déclencher quasiment en même temps l'éjaculation. Il ne faut surtout pas arrêter de stimuler le point G, car l'orgasme sera plus intense, et quand les sursauts du corps sont terminés, là, il faut rester tranquille et se remettre doucement !

» Je parle souvent avec des femmes fontaines, et elles me disent que, parfois, elles ont besoin de retirer les doigts de leur partenaire pour y mettre les leurs. Elles ressentent mieux ce qui se passe, et il est vrai que c'est plus facile de fontainiser via la masturbation parce qu'on peut savoir au millimètre près là où il faut appuyer.

» Quand le point gonfle, gonfle, gonfle…

Et elle fit le geste d'un ballon prenant de l'amplitude.

– … et quand il est à son maximum de volume et qu'on appuie dessus, l'éjaculation est immédiate ! C'est un orgasme puissant, inoubliable, plus intense, plus sensuel, plus dans l'abandon de soi… il n'y a plus de limite au plaisir, et on sait que chaque fois ça peut être mieux que la fois d'avant !

Elle s'arrêta.

Un silence étonnant se fit dans le bar.

Nous nous aperçûmes que tout le monde était à l'écoute de son récit. Quelques hommes étaient au comptoir, quatre jeunes filles à la table à côté de nous, un couple main dans la main avait suspendu sa conversation.

À l'arrêt du récit de Mia, tout le monde leva son verre.

Il y avait comme une admiration dans les yeux de certains, une envie chez d'autres.

Mia se leva.

– Je ne suis pas une extraterrestre, dit-elle à la cantonade. Souvenez-vous de mon enfance et de mon adolescence. Tout était réuni pour que je n'arrive pas à ce plaisir-là ! Je dis que j'aime prendre mon pied et je vous encourage à en faire autant !

» Ce n'est pas fantastique d'être impressionné par la sexualité ! D'être surpris !

Elle alla vers le comptoir.

– Je vous invite, monsieur Borda !

– Non, dis-je, il est normal que…

Elle sortit un billet de vingt euros.

– Vous voyez, j'ai du liquide ! dit-elle en riant.

Sœur Rosa et la sublimation

Il tenait en ses mains un long dard en or dont l'extrémité de fer portait je crois un peu de feu. Il semblait qu'il le plongeait plusieurs fois dans mon cœur et l'enfonçait jusqu'aux entrailles. En le retirant, on aurait dit que ce fer les emportait avec lui et me laissait tout entière enflammée d'un immense amour de Dieu […]. La douleur était si vive que je gémissais et si excessive la suavité de cette douleur qu'on ne peut désirer qu'elle cesse.

THÉRÈSE D'ÁVILA

Après avoir quitté Mia, je repris tout de suite le TGV vers Paris.

Assis dans le train, je repensais à la vie de cette femme. Douleurs, difficultés et, aussi, joies et découvertes. Notre lot à toutes et à tous, mais prenant ici, dans le cadre de mon travail, un sens différent.

Car l'aboutissement de son périple, sa concrétisation, son acmé était la fontainisation. Tout d'un coup, la découverte de la Féminité m'apparaissait comme un monde liquide, jaillissant. La femme fontaine devenait une femme geyser. Une source de vie.

Je me laissais glisser avec délice dans une profonde somnolence.

Je fis un rêve : j'étais nu au centre d'un cercle formé par quatre femmes. Elles se masturbaient et j'attendais leur jouissance comme une promesse. Je sentais mon souffle s'accélérer au rythme de leurs doigts fouillant leurs profondeurs avec frénésie. Elles jouirent toutes les quatre ensemble. Je reçus de longs jets sur moi. Cela n'arrêtait pas. Je me sentais lavé, purifié.

Je me réveillai en cherchant à débarrasser mes vêtements de toutes ces eaux.

J'étais encore dans le rêve et les gestes que je faisais devaient paraître pathétiques à mes voisins.

Complètement éveillé, cette fois-ci, je vis en face de moi une religieuse qui me regardait avec attention.

Elle était habillée d'une robe beige, les cheveux tenus par une coiffe bleue. Un grand crucifix ornait sa poitrine. Elle portait des lunettes et son regard semblait lointain et terriblement proche à la fois.

Je me sentis gêné, comme si elle avait été témoin de mon rêve.

– Vous avez fait un cauchemar ? me demanda-t-elle.

– Pas vraiment, répondis-je. Mais ce fut un rêve curieux…

« Pourvu qu'elle ne me demande pas les détails ! » pensai-je.

Pour échapper à toutes questions gênantes, je pris les devants et lui demandai qui elle était, ce qu'elle faisait là, où allait-elle, pourquoi le train, et si Dieu existait vraiment !

– Tout doux, jeune homme ! Je ne peux pas répondre à tout cela en quelques mots. Je suis l'aînée d'une famille de cinq enfants. Ma mère est décédée, j'avais neuf ans. Mon père s'est remarié. J'ai quitté la maison pour faire des études d'infirmière. Et après, je suis entrée dans la vie religieuse. Après trois années de noviciat, j'ai travaillé dans différents hôpitaux, puis j'ai enseigné comme directrice d'une école d'infirmières. J'ai passé vingt années au Sénégal. Depuis huit ans, je travaille dans une polyclinique à Roubaix. Je suis malade. J'ai un cancer du sein. Je suis une chimiothérapie et des séances de radiothérapie…

« Encore le cancer ! » me dis-je. Elle dut saisir ma pensée…

– Ne vous inquiétez pas, tout va mieux maintenant. Je suis juste un peu fatiguée de temps en temps.
– Pourquoi avoir choisi la vie religieuse ?

– Je ne l'ai pas choisie d'emblée. Je voulais me marier, avoir des enfants, fonder une famille. Mais j'ai ressenti l'appel de Dieu pendant mes études d'infirmière. J'ai eu des relations avec des garçons, mais jamais satisfaisantes, j'ai éprouvé le fait que seul Dieu me comblerait. J'ai réfléchi un an, puis je me suis engagée. Et me voici ! Je reviens d'une retraite personnelle près de Grenoble... Je retourne chez moi...

» J'appartiens à une congrégation religieuse hospitalière de spiritualité augustinienne fondée en 1661. Son objectif était de remettre en état les petits hôpitaux de l'époque. Nous sommes aujourd'hui en France, à Rome, au Sénégal, au Pérou, au Bénin...

» Mais j'ai oublié de me présenter. Je m'appelle sœur Rosa.

Je me demandais quel était le sens de cette rencontre. Je sortais d'une entrevue particulière avec Mia, faite de douleurs et d'extase, et je me retrouvais à dialoguer avec une religieuse, dont la vie – du moins je le supposais – était faite, elle aussi, d'épreuves et de plénitude.

Comme une réunion improbable entre deux extrêmes, ici, dans ce TGV !

Je décidai de lui raconter ce que je faisais et de lui narrer mes « aventures » et ma recherche...

Je m'attendais à ce qu'elle se lève et change de place. Au contraire, elle fut intéressée et commença à me poser plein de questions. Le personnage de Bérengère notamment semblait la fasciner. Elle m'interrogea également sur Océane et sa notion de Temple…

Je répondais à tout cela avec une franchise de plus en plus évidente.

Cette femme d'une soixantaine d'années dégageait une sérénité qui me faisait un bien fou.

Je voulus savoir – moi qui étais un parfait athée ! – comment on pouvait vivre le corps, le désir, quand on était religieuse comme elle !

Elle ne s'étonna guère de mon interrogation.

– Le corps a une importance dans ma vie, vous savez. C'est par lui que j'exprime mes sentiments. Je dois en prendre soin pour être en bonne santé et faire attention à ma présentation extérieure, par respect pour moi et pour les autres… peut-être aussi par coquetterie ! Mais je suis heureuse de porter l'habit religieux qui m'évite des soucis vestimentaires !

» Je suppose que vous vous demandez aussi quelle place a la sexualité dans une vie comme la mienne ! C'est une valeur, un bien précieux, mais je dois avouer que c'est aussi, parfois, une croix ! La sexualité a une place dans la relation avec moi-même…

Elle laissa un silence. Son regard observa pendant quelques secondes le paysage qui défilait. Champs, routes, ciel pâle…

– … et avec toutes personnes, et dans la mesure où je l'assume positivement, elle m'aide à créer des relations d'amitié avec certaines personnes.

» J'ai eu longtemps peur de la sexualité à cause des effets qu'elle aurait pu donner à mes comportements. Mais je préfère parler d'affectivité, c'est plus juste. J'ai appris, avec le temps, à être lucide, à gérer mes sentiments, à rester spontanée en donnant sens à ce que je ressens. C'est un domaine où s'entremêlent force et fragilité. Ce n'est pas toujours facile… pas toujours…

Je la laissais dériver au cœur de ses pensées. Je trouvais un peu surréaliste de parler de sexualité avec sœur Rosa. Je n'avais pas prévu cette rencontre et je me laissais, néanmoins, aller à lui dire mon athéisme, ma difficulté à accepter un monde régi par un Dieu quel qu'il soit. Et puis la religion avait tant fait de mal aux corps des femmes…

– Je sais, reprit-elle. Mais je vous le répète, je n'ai pas choisi d'être ce que je suis. Vous pouvez en penser ce que vous voulez, mais je me suis sentie comme appelée.

Je n'ai pas voulu résister à ce qui s'installait en moi. C'est la religion qui donne un sens à tout ce qui concerne la sexualité. Comment ? En acceptant l'idée que l'homme n'est pas qu'un sexe. Il a un esprit, un corps, une âme. Il est *un*.

» L'absence de sexualité dans ma vie n'est pas ce qui pourrait me perturber profondément. J'ai rencontré des épreuves de toutes sortes. Je me suis posé des questions et je m'en pose encore, mais je n'ai jamais regretté mon engagement religieux, ni douté de ma foi.

» Je crois même pouvoir dire que c'est grâce à ma foi que j'ai assumé tout cela. J'éprouve un grand bonheur en Dieu même si parfois c'est "de nuit"…

Silence.

Je pris la formule « de nuit » comme un grand mystère poétique ! Que voulait-elle dire par là ?

– La zone génitale, le sexe, le vagin… tout cela n'est qu'une partie de mon corps. Je n'y attache pas plus d'importance qu'au reste de mon corps. L'important pour moi, c'est le regard, l'expression du visage… Je pense souvent à cette phrase d'une grande mystique, Angèle de Foligno, qui parlait du Christ et disait : « Je suis toi et tu es moi. » C'est une grande phrase d'amour. On peut avoir une relation « amoureuse » avec le Christ. Pour le comprendre, il faut entrer dans ce côté intime et mystique d'une vie qui a fait cette rencontre avec Dieu. C'est une réalité et un mystère.

» J'aime cette phrase tout comme j'aime Thérèse d'Ávila, qui avait les pieds sur terre et la tête au ciel. Et aussi saint Augustin, bien sûr… Je les aime… Tout peut devenir grâce, car Dieu est amour…

De nouveau le silence s'installa. Le rythme du train nous berçait.

Je prétextai le besoin d'un café pour m'éclipser et laisser sœur Rosa seule.

Lorsque je revins, nous étions presque arrivés à Paris.

Elle me sourit et me tendit une petite fiole.

– Qu'est-ce que c'est ? dis-je.

– C'est de l'eau bénite. Je pense que vous en aurez besoin. Prenez-la comme une protection. C'est ce qu'on appelle un objet apotropaïque ! Un talisman, quoi !

Je lui dis merci. Je descendais du train et la regardais partir avec sa petite valise. Elle allait chercher sa correspondance pour rentrer à Roubaix.

J'étais là à Paris avec ma fiole.

Ridicule et souriant.

Circonspect au milieu des histoires d'eaux !

« Une telle production de liquide ! »

En te voyant, Ulysse, on ne saurait penser à l'un de ces hâbleurs, de ces fripons sans nombre, comme la terre noire en nourrit par centaines, artisans de mensonges auxquels on ne voit goutte. Quel charme en tes discours !

HOMÈRE, *L'Odyssée,* chant XI

Je me retrouvai chez moi et la boîte aux lettres était de nouveau envahie.

Une soixantaine de lettres environ, toutes émanant de femmes qui désiraient témoigner, partager, dire leur sexualité et, surtout, leur fontainisation.

J'avais l'impression que quelque chose commençait à se libérer. Une parole, bien sûr, mais certainement une énergie qui trouvait sa place au travers de mon enquête, qui prenait de plus en plus la proportion d'un acte de revendication et d'affirmation du potentiel sexuel féminin !

Je laissais mes yeux et mon émotion parcourir les mots et les expressions de toutes ces femmes fontaines ! Les annonces à l'antenne de Brigitte Lahaie m'avaient valu de nombreux plaisirs épistolaires. Mais le fait d'avoir participé à l'émission et de faire une demande aussi précise sur un sujet aussi peu conventionnel semblait déclencher des réactions enthousiastes et libératoires !

Des femmes que je ne rencontrerais jamais ! Des paroles de femmes à entendre, à dire, à porter en bandoulière comme un sac d'aveux joyeux…

Je trouvai notamment deux lettres d'une prénommée Emma :

Il y a deux jours ce fut incroyablement fort et d'autant plus spectaculaire que cela se passait dans la cuisine et que j'étais en jean. Ça m'a même un peu effrayée, c'était comme si on m'avait immergée toute habillée dans la baignoire : mon jean dégoulinait, ça me coulait dans les baskets et il y avait une flaque sous nos pieds ! C'était comme si on l'avait sorti du lave-linge sans essorage ! C'est quand même affolant une telle production de liquide !

Et c'est parfaitement inodore et incolore et presque insipide… c'est de l'eau qui me sort du corps… C'est exactement comme si on ouvrait un robinet, et je suis sûre de remplir la moitié d'un seau ! Ces descriptions, cher monsieur, ne sont pas d'un romantisme échevelé, mais le côté clinique du phénomène m'intéresse. Pas étonnant que je sois perpétuellement déshydratée, car ce liquide vient bien de quelque part et je ne le fabrique sûrement pas sur commande ! Et *je doute que cela me fasse grossir, moi qui rêve de quelques kilos en plus !*

Quant aux draps mouillés, c'est un détail à côté du matelas qui va finir par moisir. On va devoir envisager de se fournir dans des magasins spécialisés pour les hôpitaux pour vieillards incontinents !

… Je voulais vous dire que je suis tout à fait stupéfaite par l'évolution de la vie, et de la mienne en particulier, quoique, quelque part, j'ai toujours su que cela m'arriverait, j'ai toujours su que j'étais encore loin d'avoir réalisé mon potentiel et j'ai toujours su que la vie recommence chaque jour.

… Je terminerai en vous remerciant de vouloir savoir et d'accepter toutes ces lettres et ces messages qui doivent vous arriver en pagaille ! Tant *de choses sont à dire !*

Tant de pays intérieurs à découvrir ! Il faut oser poser le pied là où personne encore n'a voulu voir le monde tel qu'il pourrait être : ouvert, généreux, en profusion… comme nous, les femmes fontaines !

C'est gai de pouvoir vous écrire. Ça fait circuler le sang ! Je le referai ! Je voudrais vous parler, vous montrer, avoir la grâce d'accepter votre regard sur moi afin de célébrer ensemble la possibilité d'un autre monde !

Et la seconde :

Il y a de l'émotion et de la peur, de la pudeur et une certaine fierté, il y a surtout beaucoup d'amour dans ce témoignage que je me décide à vous envoyer suite à mon autre missive.

Je suis née deux fois, dont une fois accessoirement le jour de ma naissance ! Et je suis née une deuxième fois, il y a six ans... Ouvrons une parenthèse sur mon « pedigree », histoire de me situer dans l'espace : cinquante-six ans, quatre enfants, des maris, des amants, et beaucoup de rires, de larmes, d'amour, quelques bleus, bref, un morceau de vie vécue avec sincérité.

Le sexe, le cul pour employer les termes honnis et bannis de mon éducation judéo-chrétienne bien-pensante, en a fait partie, vécu sur la pointe des pieds, mais depuis six ans, timidement d'abord, avec beaucoup de déterminisme ensuite, j'ai fait ma révolution et je vire ma cuti. Il y a un homme là-dessous – même au-dessus et dedans. Il y en a un, un seul, le seul, et il m'a bouleversée, il me bouleverse, il me renverse, et j'ai la tête entre les jambes et les jambes autour du cou et je ne sais plus si j'ai le ventre dans la tête ou la tête à la place du ventre, j'ai les sens « sens dessus dessous », une énorme boule en fusion qui palpite et qui ose enfin dire et écrire – vous écrire : je suis bien, je suis heureuse, je suis enfin devenue femme entre toutes les femmes et j'ai l'impression d'être unique au monde.

Il y a six ans que nous construisons notre histoire et c'est vraiment merveilleux de grandir ensemble et de découvrir enfin le potentiel, la puissance de mon désir et d'exploser, et ça me sort de partout... Je suis une femme fontaine comme on les appelle et je ne connaissais rien de ces manifestations. Lui, il savait que ça existait puisqu'il n'était pas un enfant de chœur mais il ne l'avait jamais expérimenté... ce qui m'a réjouie et remplie de fierté : enfin quelque chose à nous deux tous seuls.

Comment pourrais-je vous expliquer ce qui se passe en moi ? Nous adorons faire l'amour, j'adore faire l'amour avec lui puisque je l'adore et je deviens à la fois chienne, tigresse, amante, salope, mère et putain, femme, sa femme, et c'est un véritable cataclysme, une telle fusion des sentiments et des sens, comme une vague ça monte et la vague se gonfle, grossit et explose dans un énorme jaillissement qui inonde tout, nous dégouline le long des flancs et me laisse pantelante, comme échouée sur une plage d'alluvions sur laquelle je me ressource, dans laquelle je puise pour mieux rejaillir dans un déferlement de jouissance totale qui me rassemble, me réconcilie, m'émeut et me bouleverse. Je deviens intarissable au propre comme au figuré, je baigne dans la félicité. C'est comme si j'éjaculais de partout et c'est tellement vrai que cela ne ressemble en rien à un coït : je n'ai pas besoin qu'il me pénètre pour que cela se produise, je n'ai pas nécessairement besoin de caresses, c'est la puissance de mon désir, la force de mes sentiments, l'anticipation qui m'électrocutent et transforment mon ventre en fournaise, je ne suis plus qu'un organe, et mon ventre ondule sous la vague… je deviens la mer… Et il adore ça. Et je peux gicler comme ça presque indéfiniment. Je suis une grande jouisseuse devant l'Éternel et je crois que j'ai le ventre à la place du cœur. Je suis une femelle en chaleur béante et déferlante. Je suis surtout très amoureuse et éperdue de gratitude, et la vie ne fait que commencer… et recommencer depuis six ans.

Je voudrais vraiment vous rencontrer. Il faut que vous sachiez, que vous acceptiez une telle chose !

Il y avait d'autres lettres, éparpillées au sol. Celles-ci semblaient briller de mille feux liquides !

Je me tournai vers le téléphone. Il clignotait. Trente-sept messages durant mon absence.

Paroles de femmes.

Voix de femmes.

Sources partout.

Je m'approchai du combiné pour écouter. J'étais comme groggy. Je m'aperçus que je tenais encore la fiole de sœur Rosa à la main.

Devenir femme fontaine

Elle est retrouvée.
Quoi ? L'Éternité.

ARTHUR RIMBAUD

Le téléphone se mit à sonner. Je n'avais pas eu le temps d'écouter mes messages. Je décrochai. Annelotte était là. Je me souvins d'un coup de notre rencontre et du fait qu'elle m'avait dit être une femme fontaine. Je n'avais pas, à l'époque, fait très attention à cela.

– J'ai rencontré quelqu'un qui vous connaît, monsieur Borda…

– Oui ? dis-je.

– Alki Nioos… vous voyez de qui je veux parler ?

Ce vieil homme, ce chercheur semblait m'aider de façon invisible. Il accompagnait mon chemin…

– Oui, je le connais…

– Il m'a dit que ce serait bien que je vous en dise plus sur la femme fontaine que je suis…

– Oui, j'aimerais beaucoup. D'autant plus que je suis en train de réunir beaucoup de témoignages sur le sujet.

– Eh bien ! vous aurez le mien en plus ! Je peux vous en parler maintenant si vous le souhaitez…

Je déposai la fiole sur un meuble. Après tout, autant continuer cette aventure en écoutant Annelolotte. Je dis « oui ». Je m'installai dans un fauteuil, pris un calepin et un stylo pour noter ce qui me semblait important.

– Je suis à votre écoute, dis-je.

– Cela a commencé il y a quatre ans. J'ai appris par une amie que certaines femmes étaient dites « femmes fontaines ». En effet, une amie m'expliqua qu'avec un partenaire particulier elle avait eu des épisodes de fontainisation.

» Ceux-ci pouvaient avoir lieu lors de rapports sexuels lui donnant d'intenses jouissances, mais la simple présence de cet homme la faisait également parfois mouiller à en tremper ses chaussures ! Ce sont ses termes, je vous assure ! Allô ! Vous êtes là ?

– Oui, oui, je vous écoute attentivement…

– Je continue… Elle m'expliqua donc que cette manifestation ne lui était pas unique et que bien des femmes fontaines existaient. J'ai, ensuite, lu le livre de Deborah Sundahl sur le point G et l'éjaculation féminine. Vous connaissez ce livre ?

– J'en ai entendu parler en effet. Il est sur mon bureau parmi la trentaine d'autres que j'ai à découvrir !

– Eh bien ! sachez que Deborah Sundahl travaille depuis de nombreuses années comme écrivaine, conférencière et séminariste sur le sujet du point G et de l'éjaculation féminine. Elle est convaincue que la fontainisation est la prochaine étape pour l'ouverture de la sexualité des femmes et elle a permis à bien des femmes, dont moi, d'accéder à ce plaisir ! J'ai parcouru le livre de Deborah et je me suis rendu compte que cette sensation particulière d'avoir envie d'uriner pendant une relation sexuelle ne m'était pas étrangère, mais je ne savais pas qu'il s'agissait ni plus ni moins d'une envie d'éjaculer ! Afin de suivre les recommandations du livre de Deborah Sundahl, il me restait donc à acquérir un spéculum transparent afin de découvrir visuellement l'intérieur de mon sexe. Le simple fait de regarder son sexe dans une glace est primordial pour une femme. En effet, à moins de contorsions dignes de maîtres yogis, notre anatomie ne nous permet que de voir le haut de notre sexberg !

Elle se mit à rire. Moi aussi.

– Et le spéculum ? demandai-je.

– Il sert à apercevoir l'intérieur du vagin et à y distinguer le point G. L'expression « regarder les choses en face » prend là une dimension supplémentaire !… Donc, après cette première étape, je me suis installée bien confortablement pour suivre les étapes décrites dans le livre et ainsi commencer un nouveau chapitre de ma sexualité : découvrir mon point G et apprendre à éjaculer !… et une dizaine de minutes plus tard, j'éjaculais pour la première fois, puis une deuxième fois… Ce fut réellement bouleversant !

» Rien que d'en parler, je sens l'émotion m'envahir !

– Qu'avez-vous fait ensuite ?

– J'ai voulu rencontrer d'autres femmes qui vivaient la même chose. Je me suis rendu compte que les femmes qui ont des épisodes de fontainisation de façon autodidacte et sans passer par le même apprentissage que moi le font généralement pendant un orgasme avec un partenaire. Alors que pour moi les premières éjaculations n'étaient pas accompagnées d'orgasmes ! Les phases suivantes de mon apprentissage furent donc d'éjaculer pendant un orgasme, seule puis en couple.

– Je ne comprends pas que vous ayez pu éjaculer sans orgasme ? Et pourquoi ce fut quand même bouleversant ?

– Si vous saviez, cher monsieur… une sensation de plénitude, de soulagement, comme je n'en avais jamais ressentie. C'est un moment fort avec ou sans orgasme !

» De plus, lorsque j'ai découvert cela, j'étais abasourdie d'avoir une capacité physiologique aussi visible que pleurer ou saliver. À trente ans ! Le point G est facile à trouver, situé à l'intérieur du vagin à environ deux centimètres de l'entrée de celui-ci, c'est la seule surface qui n'y soit pas lisse. De plus, l'éjaculation n'a lieu que s'il y a engorgement, si le sexe est gonflé de plaisir et d'excitation. Les signes sont donc simples à reconnaître. Pourquoi l'éjaculation chez moi ne pouvait-elle pas se dérouler aussi simplement que pleurer ou saliver ?

» Cette question m'a amenée à réaliser le poids de l'inconscient collectif de notre société occidentale selon laquelle “l'homme jouit et éjacule en même temps alors que la femme jouit mais n'éjacule pas”. Cet inconscient collectif m'avait privée de l'une de mes facultés physiques. Celle-ci n'a, peut-être, aucune fonction physiologique, cependant elle m'apporte un bien-être tel, que je suis heureuse de ne pas en avoir été privée plus longtemps ! Et j'espère que de plus en plus de femmes découvriront qu'elles aussi peuvent éjaculer ! Voilà ce que je voulais vous dire, Ulysse. Mon témoignage vous aide-t-il à avancer dans votre compréhension des femmes ?

Je répondis que oui, bien sûr, et que toutes ces paroles, ces mots, ces renseignements précis, flous, techniques, poétiques, compréhensibles ou non me permettaient d'acquérir un enseignement finalement précieux pour moi et moi seul.

Qu'allais-je faire ensuite de tout cela ? C'était une question taraudante.

Après avoir raccroché, je décidai de prendre contact avec Emma. Ce fut simple et évident. Le rendez-vous fut pris, au Luxembourg deux jours après.

Je me mis à la lecture des lettres et à l'écoute des messages. Je ressentais comme une profusion non pas de désir, mais de joie. La vie filtrait partout dans ces mots, ces souffles, ces aveux. Même si, parfois, une certaine souffrance affluait, due le plus souvent à l'incompréhension des autres, il émanait de tout cela une joie hédoniste profonde. Comme si ce que nous avions tenté d'enfermer durant deux millénaires refaisait surface et laissait exploser sa présence jubilatoire.

La jouissance féminine apparaissait tout à coup comme une réponse libertaire au joug des religions monothéistes !

Deux jours après, j'étais gare de l'Est et je prenais le train pour Luxembourg.

Deux petites heures après, je me retrouvais dans un taxi conduit par un comédien cascadeur serbe reconverti dans le métier. C'était son premier jour de travail et j'étais son tout premier client.

Pour fêter cela, il m'offrit un chewing-gum !

Je ne m'attendais pas à vivre une situation aussi surréaliste dans ce duché où les banques se le disputaient aux hôtels de luxe.

J'arrivai sans encombre au Parc Hôtel. Emma m'avait donné rendez-vous dans le hall.

Emma se présenta à moi. Une belle femme mince de cinquante-neuf ans. Elle était bronzée et portait un délicieux chapeau à fleurs. Sa robe, à fleurs elle aussi, était en accord avec son couvre-chef.

Elle respirait le printemps dans ce hall d'hôtel rempli d'hommes d'affaires habillés en gris et marchant à grands pas dans tous les sens.

– Je m'appelle Lucie en fait et non Emma, mais Emma me va très bien. Je voulais juste que vous sachiez que c'est un pseudo. Pourquoi ? Je ne sais pas. Une coquetterie sans doute.

» J'ai peu de temps, monsieur Ulysse…

– Monsieur Borda, dis-je. Ulysse, c'est mon prénom…

– Alors je vous appelle Ulysse, par votre prénom, c'est mieux, non ? Bon, écoutez, j'ai peu de temps. Je dois prendre un avion pour les États-Unis. Je vais dans le Mississippi. Dans Mississippi, il y a pipi. Eh bien ! voilà une bonne entrée en matière pour notre sujet, n'est-ce pas ?

Son rire tonitruant au milieu des attachés-cases et des cravates grises et noires fit office d'une bouffée d'oxygène.

– Je voulais vous voir, reprit-elle, car il faut que vous puissiez dire au monde combien nous sommes passés à côté de la joie sexuelle. Certains l'ont compris il y a longtemps, mais jamais ce ne fut universellement accueilli. Nous autres, les femmes fontaines, nous sommes comme l'annonce d'un nouveau monde qui est en marche !

» Ce qui m'arrive n'est pas personnel. Je ne suis pas un animal de foire. Mes jouissances sont indescriptibles, mais elles ne sont pas les miennes. Ce sont celles de toutes les femmes qui jouissent à travers moi. C'est une explosion de volupté, c'est la submersion totale, je sens que je me vide dans des torrents… C'est une communion avec tout ce qui m'entoure. Vous voyez, si je jouissais, là, maintenant, il n'y aurait pas de différence entre moi et ces murs, moi et ces arbres, moi et ce ciel bleu… Lorsqu'une femme a de tels orgasmes, c'est la nature entière qui jouit !

» Si les hommes pouvaient jouir ainsi ! Moi, je voudrais une fontaine de sperme ! Des hommes qui fontainisent les uns après les autres !

» La sexualité nous rend liquides ! Elle nous fait retourner à notre état primordial !

» Dites cela ! Dites-le !

» Ce n'est pas qu'une question d'hygiène, c'est beaucoup plus que cela… beaucoup plus !

Emma se leva.

Elle ouvrit grands les bras et sembla prendre son envol.

Elle me quitta rapidement, à grandes enjambées.

Elle me fit un signe de loin.

– La jouissance des femmes est sans limites ! Même pour celles qui ne sont pas des fontaines ! Vous ne pourrez jamais nous contenir ni nous satisfaire ! Ouvrez les yeux, la tête, le cœur et accueillez cette liberté comme un cadeau ! À bientôt !

Elle disparut.

J'étais resté un quart d'heure dans ce hall d'hôtel.

La circulation des uns et des autres était toujours aussi mécanique et raide.

Je commandai un taxi pour retourner à la gare.

Que veulent les femmes ?
(« Les pensées d'Ulysse V »)

Les fruits à portée de main
Et les délices divers
Dissimulés dans les entrailles
D'une canopée…

GÉRARD MANSET

Que veulent les femmes ?

Que l'on arrête de penser qu'elles veulent quelque chose ! Le désir féminin s'inscrit dans la nécessité d'un espace vide à remplir.

La femme n'attend rien.

Sa sexualité l'amène sur des continents où le vouloir est absent.

Vouloir n'est ni le but ni le déclencheur.

Il s'agirait plutôt d'offrir, d'ouvrir, d'aérer, d'« expandre », d'abreuver… autant de verbes qui laissent entendre l'abandon d'une volition pour l'apogée d'un « laisser-advenir »…

Nous n'avons pas encore commencé à comprendre ce que nous dit la sexualité humaine. Et c'est par celles qui ont été les plus bafouées, les plus incomprises, que le message prend corps. Un message qui s'inscrit là où on ne l'attend pas. Sur les terrains de la poésie, de l'aléatoire et du renversement des systèmes jusqu'alors érigés en vérité.

Il est tellement plus simple et plus tranquille de ranger le sexuel du seul côté de l'organique. Au moins nous pouvons dire que cela fait du bien, qu'il faut jouir pour être en pleine forme, et tout ce discours économique qui fait de nous des machines à rêver le sexe comme une solution à nos malheurs terrestres.

Dans ce parcours particulier qui m'a fait, hors des aspects pathologiques d'un cabinet de consultation, rencontrer de près ou de loin des centaines de femmes se profilent des besoins féminins particuliers : celui d'être différente, celui d'être vaste et inexplorable, celui d'aimer, celui de penser…

Derrière tous ces témoignages se profile aussi une vision de l'amour qui sort des sentiers battus de la simple demande de réparation et de sécurisation. La sexualité féminine prône (sans l'affirmer ni le définir clairement) l'aventure sur des terrains où le mot amour n'a de sens que s'il est synonyme de « risque à aimer ».

Je remarque, en écoutant mes contemporains, à quel point nous avons pris l'habitude dans nos jeux d'amour de composer des personnages. Ceux que nous supposons que les autres attendent de nous voir jouer.

Pour provoquer et susciter le désir et, par voie de conséquence, l'amour.

Ce jeu de dupes perpétuel amène à dépenser une énergie considérable et éloigne constamment de nous-mêmes.

La sexualité étant, comme le reste, l'un des lieux où la mascarade se déploie. « Je me dis à toi en fonction de ce que je pense que tu veux de moi. »

Bien sûr, tout cela trouve son origine dans ce besoin intense de reconnaissance de l'enfant vis-à-vis de ses parents. Mais, au final, dans l'acte sexuel, il n'y a que très peu d'authenticité. Il y a ce que l'on cherche à prouver. L'épreuve et les preuves côte à côte.

La femme fontaine porte en elle l'image de l'authenticité. Rien, ici, ne peut se feindre.

La digue s'ouvre et déploie ses flots.

Accepter, pour l'homme comme pour la femme, le délice de cette image, c'est entrer dans ce que la relation sexuelle ne donne que trop peu souvent : la levée des masques et le visage plus à nu que le corps. Cela ne veut pas dire qu'une femme qui n'est pas fontaine est irréalisée dans sa sexualité. Mais ce qui se narre ici, c'est la possibilité d'une utopie, vivable ou non, peu importe. C'est le signe d'une promesse.

C'est un dévoilement possible.

C'est une délivrance espérable.

C'est le paradis violent dans lequel notre corps peut s'engager.

Éjaculer devient la meilleure façon d'inonder le monde de sa parole corporelle. C'est devenir de grands éjaculateurs de lumière comme ces peintres de l'abstraction lyrique que sont Jackson Pollock ou Zao Wou-Ki.

Le continent n'est plus noir. Il est parfaitement lumineux.

À partir de l'image de la liquidité s'annonce une rhapsodie des hauteurs. La sexualité féminine offre une sortie de l'ombre qui vient tutoyer les canopées.

Un corps pour jouir

J'apporterai tout l'or que j'aurai sous la main.

HOMÈRE, *L'Odyssée*, chant XV

Au cœur du nombreux courrier qui inondait ma boîte aux lettres, je reçus une carte postale. Au recto, une reproduction de *Vert sur marron*, de Mark Rothko. Au verso, ces mots : « Et le corps, alors ? » Signé Sidonie. Un numéro de portable était inscrit en tout petit.

Évidemment, j'appelai Sidonie !

– Je vous ai entendu chez Brigitte Lahaie. Votre voix m'a émue et j'ai décidé de vous envoyer ce petit signe. Ce que vous faites est bien, mais j'ai l'impression que, quoi que vous fassiez, vous resterez un homme !

– C'est-à-dire ? demandai-je.

– Vous ne pouvez pas vous empêcher d'avoir une représentation stéréotypée du corps de la femme. Même si vous tentez d'être différent des autres, vous restez un mâle qui veut s'émoustiller à la vue de beaux seins et de belles cuisses bien fermes…

– Je ne crois pas, car…

– Arrêtez ! Quoi que vous puissiez dire, vous allez vous enfoncer ! Vous ne cherchez pas à comprendre les femmes. Vous voulez les posséder, les mettre dans des cases. Cela fait des siècles que nous subissons cela !

– Ça, je le sais ! Je l'ai bien compris !

Je repensais à ma discussion avec Rosemonde Pujol et à la conscience que je commençais à avoir de la longue nuit du désir féminin.

– J'ai besoin de votre regard sur moi, dit-elle.

– Vous souhaitez que nous nous rencontrions ?

– Venir à Avignon ne vous pose pas de problèmes, je suppose ?

– Non, bien sûr. C'est une ville que j'adore.

Nous décidâmes d'un rendez-vous pour le surlendemain. Elle m'attendrait sur la place de l'Horloge, à *La Civette*. Elle me dit que je la reconnaîtrais facilement.

J'utilisai le temps qui me séparait du rendez-vous avec Sidonie pour finir de lire toutes les missives féminines. Il était quand même agréable de recevoir plus de lettres de femmes parlant de leur sexualité que de factures et de publicités !

J'arrivai à Avignon à l'heure dite. Ce fut avec grand plaisir que je remontai l'avenue de la République et que je retrouvai la place de l'Horloge. Tout en haut de la place, *La Civette* avait mis ses habits d'été. On était en juin. Le festival de théâtre commencerait un mois plus tard.

Effectivement, je reconnus Sidonie.

Elle était assise devant un café. Brune, les cheveux longs, un large sourire aux lèvres en m'apercevant. Elle me fit un petit signe de la main. Elle devait peser environ cent cinquante kilos.

– Cent quarante-sept exactement ! m'avoua-t-elle.

– C'est pour cela que vous me parliez du corps ? À cause de votre poids ?

– Oui, en partie… J'ai beaucoup lu de livres sur la sexualité et je suis une femme fontaine, mais est-ce que ça veut dire la même chose une femme qui jouit dans un corps dit « normal » et une femme comme moi avec autant de graisse ? J'aimerais que vous puissiez répondre à cette question.

– Je pense que c'est la même chose, vraiment…

– Alors le corps n'a pas d'importance ! Ne me dites pas que, malgré mon poids, je suis belle ! Je ne vous croirais pas !

– Je n'allais pas dire ça !

– Alors vous me trouvez moche ?

– Non, bredouillai-je. Vos yeux sont absolument magnifiques !

– Mais j'ai un corps ! Quel qu'il soit ! J'ai un corps et il me faut faire avec. Et figurez-vous qu'avec ce corps-là j'ai des jouissances dont vous ne pouvez même pas imaginer l'intensité !

» Être énorme comme je le suis m'a permis de pouvoir me concentrer sur la qualité de mes relations et sur un rapport très fin avec moi-même. Le sexe est au centre de mes préoccupations et j'ai réussi à développer une aptitude à l'orgasme par la seule force de ma pensée ! Je pense à jouir, et hop ! je jouis !

» Ça vous surprend ?

– Non… vous savez, j'ai entendu et lu beaucoup de choses, et je ne suis plus…

– Déjà blasé ?

– Ce n'est pas ce que je voulais dire…

– Alors, cette histoire du corps ?

– Je ne vois pas très bien de quoi vous parlez ?

– En fait ma question est : la beauté de la jouissance féminine est-elle liée à la beauté du corps ?

– Bien sûr que non, et vous en êtes la preuve ! J'ai d'ailleurs beaucoup regardé le site Beautiful Agony et j'ai été témoin de jouissances de femmes sans voir leur corps. Ce fut une expérience très troublante. Et même la simple lecture de lettres me trouble et je ne sais pas qui m'écrit et si leurs corps sont beaux ou pas…

Sidonie ne connaissait pas Beautiful Agony. Je lui parlai du concept du site et cela l'intéressa au plus haut point. Elle était fascinée par l'idée de voir essentiellement le visage d'une personne en pleine montée orgasmique.

– Car il y a un mystère dans tout ce truc, dit-elle. Un sacré mystère ! Ce n'est pas seulement organique ! Il y a autre chose !

Je lui parlai de cette notion de remerciement que j'avais cru capter dans les regards. Elle me répondit que cela restait un peu flou, mais néanmoins intéressant et qu'il fallait aller plus loin… D'accord, aller plus loin, certes ! Mais comment ?

– Je suis une grande jouisseuse devant l'Éternel…

L'idée de ma rencontre dans le train avec sœur Rosa me traversa l'esprit…

– … et je crois que le fait de ne pas être un canon de beauté m'a ouvert la porte de certains domaines. C'est comme si je jouissais dans mon corps et au-delà de lui… comme si mes orgasmes étaient des fenêtres ouvertes sur des sensations extracorporelles…

– Mais on ne peut pas oublier le corps !

– Je ne cherche pas à l'oublier ! Croyez bien que j'y pense chaque jour à ce foutu corps tant il m'encombre !

Je restai silencieux. Elle aussi.

Plusieurs groupes de touristes passèrent près de nous. Je surpris quelques regards posés à l'improviste sur Sidonie et le couple que nous formions elle et moi.

Étaient-ce vraiment des regards chargés de dégoût ? Je n'en avais pas l'impression.

– Je vous fais une proposition. J'enregistre une vidéo comme celles de Beautiful Agony et je vous l'envoie. Elle est pour vous, rien que pour vous. Vous ne verrez pas mon corps nu, ni ma poitrine… Juste mon visage… Et vous me direz ce que vous avez ressenti et surtout si vous avez pu saisir le truc invisible, étonnant, que je ne peux pas saisir de l'intérieur… Prenez-le comme une expérience dans le cadre de votre travail. Vous êtes une sorte de chercheur, non ?

J'acceptai.

Je décidai de rester quelques jours à Avignon et de retrouver Sidonie ici même dans quatre jours.

– J'aurai l'enregistrement, dit-elle avec un clin d'œil.

J'utilisai ces quatre jours à visiter la vieille ville, à flâner et à me remémorer les moments passés autrefois lors du festival de théâtre. Je revis la cour d'Honneur, et les accents du *Soulier de satin* mis en scène par Antoine Vitez me revinrent en mémoire.

Lorsque je retrouvai Sidonie, elle semblait heureuse et un brin mutine.

– C'est fait, dit-elle en me tendant une enveloppe kraft.

Je la remerciai. Elle but rapidement son café, me fit une bise et partit… Il ne me restait plus qu'à retrouver la région parisienne et à m'installer devant mon écran pour dialoguer silencieusement avec le visage de Sidonie.

Pendant tout le voyage en TGV, je pensai à l'enregistrement vidéo. Je guettais sœur Rosa, mais elle ne fut pas du voyage cette fois-ci !

À peine revenu, je voulus regarder ce que Sidonie avait réalisé pour moi.

Comment décrire cela ? Ce n'était pas seulement la vision d'une femme se masturbant. C'était aussi la rencontre avec un regard m'interrogeant et me demandant de l'interpréter.

Au moment de sa première jouissance, je vis l'oreiller de Sidonie être envahi de gouttes de jouissance, signes de sa fontainisation.

Au deuxième orgasme, elle semblait me dire : « Alors ? »

Au troisième, un léger sourire se dessina sur ses lèvres.

Au quatrième, elle partit dans un autre monde. Je la vis dériver très loin. Elle oubliait que je pouvais la regarder.

Après ce « voyage », elle fixa l'objectif longuement. Je n'arrivais pas à comprendre si elle cherchait à me dire quelque chose de précis.

À travers ce que je saisissais des mouvements diffus, je savais qu'elle continuait à se caresser.

Et puis ce fut comme un envahissement… l'oreiller fut inondé. De longs jets passèrent devant son visage, l'inondant et maculant l'oreiller de taches d'eau.

Elle poussa des cris comme je n'en avais jamais entendu en pareille circonstance.

À la fois animal et déesse, elle rayonnait au milieu d'une jouissance qui semblait ne pas vouloir finir.

Elle était « encore ». Indéfiniment.

Je vis l'enregistrement plusieurs fois. Fasciné. Décontenancé.

Je ne savais pas ce qu'il m'était possible de dire.

J'avais l'impression de revenir à mon point de départ et d'être comme Freud et tous les autres hommes : étranger à ce que je voyais.

Immobile face au mystère.

Et pour la première fois au cours de cette aventure, je sentis les larmes venir.

Enfin je me soumettais à l'énigme.

J'envoyai un texto à Sidonie.

J'écrivis simplement : « Merci. »

Profondeurs énigmatiques

Pour mon cadeau, voici ma belle coupe en or, afin qu'à tout jamais il garde ma mémoire lorsque, dans sa grand-salle, il boira soit à Zeus, soit à quelque autre dieu.

HOMÈRE, *L'Odyssée*, chant VIII

– Ainsi, vous voilà membre de l'association de ceux qui acceptent joyeusement de savoir qu'ils ne savent pas ! Notre président d'honneur est un certain Socrate ! Ça pose les choses, non ?

Alki Nioos était en face de moi, détendu… Il était de passage à Paris et nous avions décidé de faire un point ensemble.

Depuis notre première rencontre, il s'était passé beaucoup d'événements et je lui racontais ceux-ci lorsqu'il m'interrompit par cette phrase.

Je dois dire que je fus à la fois amusé et énervé par ses propos. Comment accepter de ne pas savoir ? L'objet de l'étude, les femmes, était là présent à portée de main et il fallait accepter de ne pas saisir ce qui paraissait saisissable !

– C'est de la mécanique quantique, mon cher ami ! Plus nous observons et plus nous influençons l'objet observé. Ainsi, rien n'est immuable ! Tout bouge ! Tout change ! Et le changement n'est jamais linéaire et logique ! La femme est quantique dans sa sexualité, voilà l'apprentissage !

– Vous êtes en train de me dire que, pour comprendre les mystères de la sexualité féminine, il va me falloir faire des études de physique ? Vous plaisantez, monsieur Nioos ?

– Non, Ulysse, je ne plaisante pas. Vous m'avez parlé de Sidonie…

Oui, je lui avais raconté ce dernier épisode de mon périple. Et surtout l'émotion indescriptible face à ce regard questionnant au milieu d'une jouissance folle !

– … et que retenez-vous de cela ?

– Je retiens mon émotion et mon désarroi. Je crois que j'ai connu un phénomène de sidération. Comme face à la Gorgone, je me suis transformé en pierre vivante.

– Je vous ferai grâce, cher ami, d'une interprétation sauvage de l'homme transformé en pierre ! N'y a-t-il pas là une représentation symbolique de l'érection ?

– Si c'est le cas, mon corps entier était en érection ! Je dirais même que c'est mon regard qui est devenu érectile !

– Eh oui ! monsieur Borda. Les yeux bandent ! Nous sommes bien en pleine physique quantique !

Alki poursuivit :

– Vous avez découvert la dimension fondamentalement poétique de la sexualité féminine. Cela ne vous éloigne pas de vos bases, car qu'y a-t-il de plus près de la poésie que la psychanalyse et la philosophie ?

» Mais la poésie dont il est question ici n'est pas celle qui raconte les aventures des oiseaux et des fleurs ! Non, c'est une poésie profonde, âpre, violente, sauvage et convulsive !

» Vous lisez souvent de la poésie ?

– Oui, cela m'arrive. Je connais Baudelaire, Prévert…

– C'est bien mais pas suffisant ! Allez voir du côté de Rimbaud, de Hölderlin, de Lautréamont, d'André Breton, d'Aimé Césaire…

– Ce ne sont que des hommes !

– La poésie n'a pas de sexe ! Non, je plaisante ! Vous avez raison ! La poésie féminine existe. Marina Tsvetaïeva, Anaïs Nin, Clarice Lispector ou

Monique Wittig ont écrit des choses superbes. Mais je crois que la poésie féminine est à venir. Elle est en route, elle prend son temps…

» Finalement, nous ne faisons que nous rendre compte que, dans son aveu d'impuissance, Freud avait raison…

– Ah ! bon ! Et moi qui commençais à remettre en question l'enseignement du maître viennois !

– Oui ! Car lorsqu'il dit qu'il faut laisser les poètes penser le féminin, c'est de cela qu'il parle. Retrouver la fonction de la pensée et la mettre au centre du sensible et de l'émotionnel. Voilà la sexualité féminine trouvant enfin son vocabulaire !

– J'ai le sentiment d'un retournement du sens en découvrant les femmes fontaines. Elles éjaculent comme les hommes, et maintenant on redécouvre les possibilités masculines de jouissances non éjaculatoires. L'homme peut éprouver des sensations extraordinaires par des orgasmes prostatiques ! C'est incroyable !

– Oui, cher ami… mais ce n'est pas un retournement du sens comme vous le dites ! Il s'agit d'une révolution du corps qui se met en marche et dont les prémices, en Occident, ont vu le jour dans les années 1960… Beaucoup de choses étonnantes sont encore à venir… J'espère simplement que les artistes trouveront le moyen d'investir ces espaces-là, et non les hommes d'affaires, qui auront vite fait d'en faire un marché luxuriant…

– Je suis bien d'accord avec vous !

– C'est là que va se situer votre nouveau rôle, monsieur Borda. Vous êtes psychothérapeute analytique et vous recevez la parole très intime de vos patientes et patients dans l'espace fermé de votre cabinet. Vous voici investi d'une nouvelle responsabilité : éduquer et ouvrir les consciences…

– Mais je ne suis pas un donneur de leçons !

– Non, bien sûr, mais ce que vous savez sera porté par votre inconscient et c'est lui qui donnera ces informations aux inconscients de vos patients !

– Je veux bien vous suivre sur ce terrain-là… mais j'ai l'impression de ne pas avoir des tonnes d'informations nouvelles à délivrer aux autres !

– Ah ! Ce besoin de savoir ! Savez-vous ce qu'il y a avant la connaissance ?

– …

– Enfin ! Voyons… Avant de connaître, il y a l'énigme, le mystère ! Nous cherchons à saisir les choses parce qu'elles nous paraissent étrangères, n'est-ce pas ?

– Oui…

– Ce que vous venez de découvrir, au travers de vos émotions – et c'est fondamental –, c'est qu'ici il n'y a plus de différence entre le mystère et la connaissance. C'est le mystère lui-même qui est connaissance !

Je le regardais.
Interloqué.
Surpris.
Bouleversé.

Un nouveau thérapeute ?

L'oreille collée au sol, j'entendis
passer Demain…

AIMÉ CÉSAIRE

I

Voilà six mois que j'avais fermé la porte de mon cabinet. Six mois à courir après des révélations. Six mois également pendant lesquels des souvenirs m'étaient revenus : patientes particulières (Mme Rolland en était un exemple probant !), thérapies singulières… mais aussi des mots sur lesquels je ne m'étais pas attardé et qui prenaient un sens nouveau après ce périple. En bref, ma pratique thérapeutique s'en était trouvée largement bouleversée et remise en question. Je ne pouvais pas retourner à mon activité de psychothérapeute analyste sans être investi d'un nouveau regard.

Je pris la décision de consulter à nouveau et, avant de le faire, de m'octroyer une séance de supervision.

J'étais accompagné dans ma pratique thérapeutique depuis dix ans par Josée Lascare.

Josée est une psychothérapeute de tendance gestaltiste et son approche humaniste et ouverte m'avait maintes fois aidé à dénouer des cas difficiles.

Je revins vers elle avec l'idée de lui faire partager mes expériences accumulées au cours de ces mois derniers et d'entrevoir le climat et la couleur de ma reprise d'activité.

Je fus reçu comme à l'habitude avec chaleur et empathie.

Josée était assise en face de moi, les paupières légèrement fermées, comme plongée en elle-même.

Les premières fois, je crus qu'elle s'endormait et que j'étais un supervisé complètement inintéressant. Je compris assez vite qu'il s'agissait au contraire des signes d'une extrême attention.

– Alors, où en es-tu ?

Je racontais mon périple, mes interrogations, mes étonnements, mes fulgurances.

– Tu ne vas plus avoir que des femmes en consultation alors ?

– Non, dis-je, je vais continuer à travailler avec des hommes et des couples. Pourquoi cette question ?

– Parce que, répondit Josée, il me semble que tu as aiguisé ton attention et tes émotions sur le seul chemin du féminin. Tu viens de t'offrir une sacrée spécialisation !

– Je n'étais pas dans cette intention !

– Je sais, mais le résultat est là ! La question qui se pose pour toi est : que vas-tu faire de tout cela avec tes patients ? Est-ce un savoir de plus ou autre chose ?

– Je pense, tentai-je, que je vais regarder les histoires et entendre les paroles à partir du féminin. Je ne pense pas que cela m'empêchera de faire un bon travail !

– C'est ton droit le plus strict ! Vas-tu inscrire sur ta plaque « Psychothérapeute du féminin » ?

– Tu me taquines ?

– Non ! Mais je te trouve très touchant. J'ai l'impression que tu commences seulement à découvrir ce que c'est que d'être un bon thérapeute !

– C'est-à-dire ?

– La position Ulysse ! La position !

– Je ne saisis pas très bien !

– De quel endroit écoutes-tu l'autre ? Quelle est ta position ? Ton attitude ? D'où conduis-tu l'entretien ? De quels espaces intérieurs ? À partir de quelles croyances ? C'est tout cela que tu construis !

– J'avais pourtant l'impression de le faire auparavant !

– L'impression n'est pas une preuve de réalité ! Tu commences à installer de la liberté dans ton travail. Tu n'as plus besoin d'un public imaginaire qui te dirait après chaque séance : « C'est bien, monsieur Borda, vous avez fait du bon travail ! Nous sommes fiers de vous ! Vous avez eu raison de choisir ce métier qui colle tant à ce que vous êtes ! »

– Comme une instance parentale ?

– Si tu veux…

– Et maintenant ?

Josée se mit à sourire. Ses yeux se plissèrent un peu plus jusqu'à se fermer complètement.

– Tu ne crois pas que je vais te livrer un mode d'emploi sur mesure. Je sais que tu es sur un chemin d'évolution positive. Je ne peux te dire qu'une chose : continue et fais-toi confiance comme jamais !

– Tu es pourtant la personne que j'ai choisie comme superviseur.

– Superviseuse, Ulysse ! N'oublie pas que je suis une femme !

– « Eur » ou « euse », peu importe ! J'ai besoin de conseils !

– Non, ici, ce que je peux te donner, c'est une autorisation à reprendre ton travail et à optimiser tes acquis!

Nous sommes des militants de la pulsion de vie, et ce que tu viens d'approcher, c'est la source même !

– Donc je vais cesser de consulter pour devenir un militant !

– C'est un peu ça, oui ! Bonne chance, camarade !

Elle se leva et me claqua deux belles bises sur mes joues.

Juste avant de partir, elle me héla gentiment.

– J'ai quelque chose pour toi. Tu regarderas ça dans le train.

Elle me remit une enveloppe fermée.

Je pris mon train et, bien sûr, j'ouvris, dès assis, l'enveloppe et lus ce que Josée m'avait écrit.

Cher Ulysse,

J'étais au courant de ta recherche. J'en ai parlé avec plusieurs de nos consœurs et confrères. J'ai lu ton questionnaire et je voulais, moi aussi, donner ma petite pierre à l'édifice. Voici donc mon hommage à mon vagin. Tu en fais ce que tu veux !

Tapi dans l'ombre
Tu gonfles et rougis

Discrètement,
l'humide se répand.

Ô secret de mon corps
Ô mystérieuse,
Qui s'offre aux saveurs
Précieuses.

Tes portes s'ouvrent
À l'amant
Tu te dilates
Suavement.

Je te fais un clin d'œil. Tu sais combien mes yeux savent jouer avec toi !

Je t'embrasse,
Josée.

Encore une fois, ma superviseuse venait de me surprendre !

Imaginer Josée parlant de son sexe était inconcevable pour moi. Et voici que j'avais dans les mains des mots forts et intimes.

Tout devenait possible et imaginable.

Je restai rêveur jusqu'à la gare de Juvisy-sur-Orge.

J'allai à mon cabinet que j'aérai soigneusement.

Je m'assis à la place du patient.

Je m'allongeai sur le divan.

Je fis tout comme l'autre et non comme moi.

Je pris cette place et je tentai de comprendre ce que je pouvais attendre du nouveau thérapeute que j'étais devenu.

Une phrase me vint, une seule : l'essentiel naît de ce qui se dérobe…

II

Je reprends le chemin vers mon cabinet.

Peu de consultations aujourd'hui. C'est normal, jour de reprise…

C'est la première fois que je m'absente aussi longtemps de mes bases thérapeutiques. Et j'y reviens empli d'une réelle envie d'être avec celles et ceux qui demanderont à me consulter.

Je suis dans le bus qui m'emmène vers la grande avenue bordant la base de loisirs. Mon cabinet est juste en face. Mon iPod sur les oreilles, j'écoute *Stairway to Heaven* de Led Zeppelin, histoire de me tonifier un peu !

J'ai l'impression de sortir d'une longue et agréable maladie.

Je me sens changé et je ne sais pas en quoi je le suis.

Ni neuf ni transformé. Juste plein de curiosité envers ce qui m'attend.

Je me retrouve vite face à la porte d'entrée de mon immeuble.

Je monte au deuxième étage.

J'entre dans mon cabinet.

Odeur d'eucalyptus.

J'ai pris un peu d'avance.

Une demi-heure pour me replonger dans mes notes.

Et puis je commence cette journée par une nouvelle patiente !

Je tourne un peu en rond.

Je regarde par la fenêtre, reconnaissant les environs comme pour reprendre mes anciennes marques.

Au dehors, l'été s'installe avec douceur et volupté.

J'ai les mêmes sensations qu'au début de mon installation. Je suis chargé d'informations et de connaissances et je sais qu'il va falloir les oublier pour laisser la place à la nécessaire attention que réclame l'accompagnement de l'autre.

Cette fois-ci, c'est d'autant plus particulier que je n'ai pas reçu de formation, mais plutôt une initiation singulière et troublante.

Je suis enceint de mots de femmes. Je suis enceint d'images et d'émotions gonflées par le désir et la jouissance féminins.

Et je ne sais pas de quoi je vais accoucher.

Ni même s'il me faudra accoucher de quoi que ce soit !

La demi-heure passe. Je prends le temps de m'adonner à une petite « méditation matinale » pour mieux me « centrer », prêt à recevoir et à donner.

On sonne. Une voix juvénile se fait entendre à l'Interphone.

– J'ai rendez-vous avec vous à neuf heures.

J'ouvre.

Elle entre.

Je lui propose de s'asseoir.

Elle a de grands yeux gris pleins d'une tristesse retenue.

– Je m'appelle Pénélope, dit-elle. Je suis la fille d'Alki Nioos. J'ai dix-neuf ans…

– Et pourquoi venez-vous me voir ?

– J'ai eu une adolescence très compliquée. Des fugues, des mensonges, des difficultés de tous ordres… j'ai abandonné les études l'année dernière et je me cherche, je crois…

– Vous souhaitez travailler un point précis ?

– Oui, bien sûr ! Je veux aborder la sexualité. J'ai connu beaucoup d'hommes et de femmes malgré mon jeune âge ! Je crois que tout est mélangé. J'ai fait l'amour sans vraiment comprendre ce que ça voulait dire. Comme par automatisme…

» J'ai avorté, j'ai pris de la drogue… j'ai joué avec la mort comme…

– Comme ?

– Je ne sais pas comment dire… je n'ai pas vraiment les mots. Mais ce que je sais, c'est que je veux redémarrer autrement… trouver un chemin qui soit vraiment le mien… ne plus faire semblant… apprendre à aimer… à m'aimer moi, d'abord… Vous comprenez ?

– Je vous entends…

– Mon père m'a dit que vous aviez une grande connaissance de la sexualité féminine et que vous n'étiez pas un charlatan ! Alors j'ai confiance !

– Merci à lui. Mais je crois qu'il exagère un peu… Je ne connais pas tant de choses que cela !

– Je dois commencer par vous avouer quelque chose de terrible et de douloureux…

– Quelque chose que vous n'avez pas encore énoncé ?

– Non, pas encore… mais il est bien que je vous livre le maximum d'éléments dès maintenant, vous ne trouvez pas ?

– Oui, bien sûr…

Elle a un moment d'arrêt.

Je la regarde. Elle est en suspens.

Entre ici et ailleurs.

Je suis derrière mon bureau comme à l'habitude. Protégé et souverain.

Je me lève, je fais le tour du meuble pour venir m'asseoir en face d'elle.

Mes yeux viennent s'inscrire dans son regard. Je tente de l'amener à un ici et maintenant nécessaire et aidant.

Je me cale au fond de mon siège face à elle.

Je souris.

Elle aussi.

– Je vous écoute, dis-je…

Remerciements

Pour écrire ce livre je me suis livré au jeu particulier de l'enquête. J'ai créé plusieurs questionnaires, à partir desquels j'ai pu recueillir les témoignages d'environ quatre cent cinquante femmes, sous forme d'interviews, de rencontres directes, d'échanges d'e-mails.

Qu'elles soient toutes remerciées ici, car grâce à elles j'ai pu mêler leurs mots aux miens et m'approcher d'une certaine « vérité ».

Je tiens à remercier également :

Marie-José de Aguiar, Christine Altenloh, Violaine Arsac, le Dr Éric Braud, Gaëlle Gérard, Lara Joseph, Gérard Leleu, Gaël Lemouton, Marie-Pierre Lescure, Adam de Lichana *(Union)*, Maïa Mazaurette, Anne-

Dominique Perret, Christelle Pirastru, Séverine Porée, Rosemonde Pujol, Laura Rouillier.

L'équipe de la *Libre antenne* de Fun Radio (Sophie Gaillard, Martin Laigle, Stéphanie Dunand, Rémy Fischer).

Mes pensées vont aussi vers :

Brigitte Lahaie, Nathalie Giraud (*Piment rose*) et Anne-Charlotte Desruelle (*Soft Paris*) pour leur aide chaleureuse.

Et, bien sûr, je n'oublie pas mes premières et précieuses lectrices : Diane Mosny, Marielle Magnani, Lina Chapuzet, Marie-Claire Guillemaud et Marie-Gabrielle Héril.

Enfin, un immense merci à Élise Vattier et Jean-Claude Gawsewitch pour leur confiance.

Bibliographie

Annie Anzieu

La Femme sans qualité. Esquisse psychanalytique de la féminité, Paris, Dunod, 2004.

Olivier Bordaçarre

Géométrie variable, Paris, Fayard, 2006.

Régime sec, Paris, Fayard, 2008.

Sophie Cadalen

Rêves de femmes : faut-il oser les fantasmes (?), Paris, Leduc.S Éditions, 2005.

Tracey Cox

Sexus Feminitus, Paris, La Librairie Larousse, 2008.

Homère

Odyssée, Paris, Le Livre de Poche, 1996. Traduction de Victor Bérard.

Hilda Hutcherson, Nathalie Giraud
Plaisir, Paris, Leduc. S Éditions, 2008.

Julia Kristeva
Seule, une femme, La Tour-d'Aigues, L'Aube, 2007.

Brigitte Lahaie, père Patrice Gourrier
Parlez-nous d'amour, Paris, Flammarion, 2007.

Gaël L.
Voyages intérieurs. Regards sur la masturbation féminine, Paris, Ragage, 2007.

Gérard Leleu
Le Traité des orgasmes, Paris, Leduc.S Éditions, 2007.

Juan David Nasio
Mon corps et ses images, Paris, Payot, 2007.

Rosemonde Pujol
Un petit bout de bonheur, Paris, Jean-Claude Gawsewitch Éditeur, 2007.

R. A. Schwaller de Lubicz
Le Temple dans l'Homme, Paris, Dervy, 1982.

Deborah Sundahl
Tout savoir sur… le point G et l'éjaculation féminine, Paris, Tabou, 2005.

Musicographie

Au cours de moments d'écriture, certaines musiques sont venues égayer et soutenir mon travail. Je vous les livre pour continuer le partage au-delà des mots :

Accentus, *Stabat mater*, de Dvorak.
Air, *Pocket Symphony*.
Patricia Barber, *Mythologies*.
Biosphere, *Cirque*.
Burial, *Untrue*.
John Coltrane, *Ballads*.
Jacques Coursil, « Paroles nues », dans *Clameurs*.
Alela Diane, *The Pirate's Gospel*.
Bill Evans, *You Must Believe in Spring*.
Jan Garbarek, *Visible World*.

Sites Web et blogs

www.alainheril.com
www.beautifulagony.com
www.femmefontaine.org
mainaphrodite.canalblog.com
www.pimentrose.biz
www.sexactu.com
www.softparis.com
www.voyages-interieurs.20mn.com

Questionnaires de base ayant servi pour l'enquête sur la sexualité féminine

Questionnaire 1

Qu'est-ce que l'orgasme pour vous ? À quoi cela sert-il ?

Pouvez-vous décrire un orgasme ?

Y a-t-il, pour vous, une différence entre l'orgasme vaginal et l'orgasme clitoridien ? Et quelle est cette différence ?

Avez-vous déjà eu une expérience de « femme fontaine » ? Si oui, pouvez-vous la décrire ?

Rédigez un poème en hommage à votre clitoris (ou à votre sexe).

Que diriez-vous aux hommes sur le plaisir féminin pour les aider à comprendre ?

Racontez votre « première fois ».

Avez-vous des fantasmes non réalisés ? Si oui, lesquels ?

Avez-vous un modèle féminin auquel vous souhaitez ressembler ?

Quelle est la question (non présente ici) que vous auriez souhaité que je ne vous pose pas ?

Si je vous cite dans mon livre, sous quel prénom souhaitez-vous apparaître ?

Utilisez-vous des jouets intimes lorsque vous vous masturbez ?

Si oui, quelle est la différence de ressenti par rapport à une relation sexuelle avec un homme ou une femme ?

Y a-t-il un site que vous pourriez recommander et qui vous paraît correspondre à une bonne image du plaisir féminin ?

Questionnaire 2

Qu'est-ce que l'orgasme pour vous ? À quoi cela sert-il ?

Pouvez-vous décrire un orgasme ?

Comment avez-vous découvert votre capacité de « fontainisation » ?

Votre (ou vos) partenaire(s) vit-il (ou vivent-ils) bien ce « phénomène » ?

Lorsque vous jouissez en fontaine, est-ce différent d'un autre type de jouissance ? Et quelle est cette différence ?

Y a-t-il une position, une action… qui vous assure de pouvoir jouir en fontaine à chaque fois ?

Que diriez-vous aux hommes sur le plaisir féminin pour les aider à comprendre ?

Racontez votre « première fois ».

Avez-vous des fantasmes non réalisés ? Si oui, lesquels ?

Avez-vous un modèle féminin auquel vous souhaitez ressembler ?

Quelle est la question (non présente ici) que vous auriez souhaité que je ne vous pose pas ?

Si je vous cite dans mon livre, sous quel prénom souhaitez-vous apparaître ?

Y a-t-il un site que vous pourriez recommander et qui vous paraît correspondre à une bonne image du plaisir féminin ?

Table des matières

Mise en pages : Compo-Méca sarl
64990 Mouguerre

Achevé d'imprimer par Corlet, Imprimeur, S.A. - 14110 Condé-sur-Noireau
N° d'Imprimeur : 116673 - Dépôt légal : novembre 2008 - *Imprimé en France*